성령 세례와 충만

IVP(InterVarsity Press)는
캠퍼스와 세상 속의 하나님 나라 운동을 지향하는
IVF(InterVarsity Christian Fellowship)의 출판부로
생각하는 그리스도인을 위한 문서 운동을 실천합니다.

© John R. W. Stott 1964, 1975
This translation of *Baptism and Fullness* first published in 1964
is published by arrangement with Inter-Varsity Press,
London, United Kingdom
through rMaeng2, Seoul, Republic of Korea.
All rights reserved.

This Korean edition © 2002, 2024 by Korea InterVarsity Press
156-10 Donggyo-ro, Mapo-gu, Seoul 04031, Republic of Korea.

이 한국어판의 저작권은 알맹2를 통하여
IVP UK와 독점 계약한 IVP에 있습니다.
신 저작권법에 의하여 한국 내에서 보호받는 저작물이므로
무단 전재와 무단 복제를 금합니다.

성령 세례와 충만
Baptism and Fullness

존 스토트
김현희 옮김

IVP

차례

제2판의 서문   7

서론   15

1장   성령의 약속   23

2장   성령의 충만   65

3장   성령의 열매   111

4장   성령의 은사들   129

결론   179

제2판의 서문

피터 존스턴(Peter Johnston) 목사가 내게 이슬링턴 강좌(Islington Conference)에서 성령의 사역에 관해 설교해 줄 것을 부탁한 지도 11년이 지났다. 그때 설교한 내용을 보충해서 출판한 것이 『성령 세례와 충만』(*The Baptism and Fullness of the Holy Spirit*) 초판이었다.

그 이후로, 어떤 사람들은 '신오순절주의'(neopentecostal)라고 부르기도 하지만 대다수의 사람들에게는 '은사주의'(charismatic)로 알려진 한 운동이 계속 퍼져 왔다. 이제 이 운동은 가히 세계적인 현상이 되었고, 대단히 존경받는 교인들도 이 운동의 지도자로 활약하고 있다. 우리는 이 운동을 고려하지 않은 채 현대 교회의 모습을 평가할 수는 없다.

하나님이 이 운동을 사용하셔서 수많은 사람들에게 복을 베푸신 사실에는 반론의 여지가 없다. 많은 그리스도인들은 새로운 자유와 사랑, 내적 억압으로부터의 해방, 믿음 안에서 넘치는 기쁨과 평안, 하나님의 실재에 대한 더 확고한 느낌, 이전에는 알 수 없었던 그리스도인 간의 따뜻한 교제 그리고 전도를 향한 신선한 열의 등을 경험했다고 간증한다. 이 운동은 온갖 범상한 그리스도인의 삶과 답답한 교회 생활에 건강한 도전이 되고 있다.

그러나 동시에 여러 관점에서 조심스런 평가도 이루어지고 있다. 이 운동에는 불안한 요소들이 있었다는 점 그리고 진지한 신학적 성찰이라는 과제가 이제 막 시작 단계일 뿐이라는 점을 은사주의 운동의 지도자들 스스로가 먼저 인정한다. 논의를 계속 진행해 나가는 중에 느끼는 어려움의 하나는, 은사주의 운동이 공식적인 교리적 선언문을 갖춘 조직화된 교회나 단체가 아니라는 것이다. 20세기가 시작되면서 출발한 오순절파 교회들은 그 교단 소속 목사들이 따라야만 하는, 공표된 신앙 고백을 지니고 있다. 그러나 은사주의 운동은 아직까지 매우 유동적이며, 그 지도자들이나 구성원들이 모두 신학적으로 서로 일치되지 못하고 있는 실정이다. 어떤 이들은 '오순절주의'의 입장을 전부 수용함으로써 실질적으로 오순절파 교회들과 구별되지 않는 것처럼 보인다. 또 어떤 이들은 자칭 '오순절적' 경험이라고 즐겨 부르는 것을 경험했다고 주장하면서도 그것을 전통적인 의미의 '오순절파 신학'의 용어로 표현하지는 않는다. 그런가 하면 또 다른 이들은 그들의 이해에 있어 유동적인 상태에 있으면서 자신들의 경험을 신학적으로 올바르게 표현할 방법을 계속해서 찾고 있다.

이러한 유연성은 매우 환영할 만한 것이다. 왜냐하면 이것은 부분적으로는 그들의 개방성을 보여 주며, 또 부분적으로는 현 상태를 '은사주의'와 '비은사주의'로 양극화하려는 시도를 막아 주는 것이기 때문이다. 어차피 갈수록 점점 더 많은 사람들이 양쪽 진영에 모두 발을 들여 놓고 있는 상황이니 말이다. 이러한 현상은 환영할 만하지만, 다른 한편 이러한 유연성은 평가 작업을 더욱 어렵게 만든다. 왜냐하면 우리가 누구에게 또는 누구에 대해서 말하고 있는지가 언제나 분명한 것은 아니기 때문이다. 나는 스스로 '은사주의' 그리스도인이라고 생각하는 사람이 내가 쓴 글에서 자신의 입장이 제대로 표현되지 않았다고 느낄 수도 있음을 미리 사과하고 싶다! 단지 나는 객관적이면서 정직하려고 노력했으며, 실제 사람들과 출판물에서 얻은 자료들을 활용하려고 애쓰는 한편, 어설프게 대강 설명하지 않으려고 했다.

이제 내가 왜 1964년에 이미 출판되었던 소책자를 다시 쓰고 보충했는지에 대해 설명을 좀 해야겠다. 제2판을 내야 했던 까닭은 무엇인가?

첫째, 나는 11년 전에 쓴 내용을 다시 읽는 중에, 그 책의 어떤 부분은 불분명하고 어떤 부분은 논증이 약하며 전체적으로는 불완전하다는 것을 발견하게 되었다. 그래서 불분명한 부분은 분명하게 하고 논증이 약한 부분은 강화하려고 노력했다. 특별히, 첫 판의 내용을 두 장으로 나누어서 각각 '성령의 약속'과 '성령의 충만'

이란 제목을 붙였다. 또 내용을 보충해서 그리스도인들 사이에 의견이 일치하는 부분은 강조하고 계속적으로 불일치되고 있는 부분은 무엇인지 분명히 밝히고자 했다. 그리고 새로운 내용을 두 장 덧붙여서 '성령의 열매'와 '성령의 은사들'이란 제목을 붙였다.

내가 제2판을 낸 두 번째 이유는 좀 더 개인적인 것이다. 최근에 나는 『성령 세례와 충만』 초판을 낸 이후 나의 견해가 바뀌었다는 말을 들었다는 사람들이 보낸 편지들을 정기적으로 받았다. 그것은 사실이 아니다. 나는 이 2판을 통해 이러한 잘못된 소문을 바로잡는 기회를 얻고자 했다.

셋째, 이 문제에 대해 각자 어떤 입장을 취하든지 간에, 우리는 모두 서로 풍성한 교제와 대화를 지속해야 한다. 이 일은 누구에게나 쉽지 않다. 우리가 직접 눈으로 보면서 대할 수 없는 사람들과 진심에서 우러난 인격적인 관계를 맺고 유지하기 위해서는 상당한 성숙이 요구된다. 최근에 어떤 모임에서 나는 은사주의 운동에 대해 그동안 내가 지나치게 부정적인 태도를 취해 왔던 것과 그 운동의 지도자들을 만나 대화를 나누는 일을 무척 꺼려 왔던 점에서, 내가 미성숙했음을 고백하는 것이 옳다고 느꼈다. 나는 더 나아가 대화의 진전을 위해 우리가 동의하고 있다고 여겨지는 세 가지 영역을 제안했다. 여기서 그것들을 밝히는 것이 좋을 것 같다.

첫째로, **진리의 객관성**이다. 우리는 매우 주관적인 시대에 살고 있으며, 실존주의는 '진정한(authentic) 삶'과 '진정하지 않은(unauthentic) 삶'을 예리하게 구분하면서 순전히 주관적인 기준으로, 즉 바로 그 순간에 내게 진정한 것으로 보이는 것이 무엇이냐 하는 기준으로, '진정한 삶'을 평가하고 있다. 그러나 그리스도인들, 그중에서도 특히 복음주의 그리스도인들은 하나님이 역사적이고 객관적인 방법으로 말씀하셨고, 그분의 말씀은 그리스도와 그분에 대한 사도들의 증거 속에서 절정에 달했으며, 성경은 우리가 배울 수 있도록 쓰인 하나님의 말씀 바로 그 자체라는 것을 확신한다. 따라서 우리의 모든 전통과 모든 의견과 모든 경험은 성경의 진리라는 독립적이고 객관적인 시금석에 종속되어야 한다.

둘째로, **그리스도의 중심성**이다. 적어도 이론상으로는 우리 모두가 이 점에 동의한다. 우리의 눈이 열려 진리를 예수님 안에 있는 그대로 볼 수 있게 되었으며, 우리의 입술이 열려 그분을 주님이라고 고백하게 되었다. 우리는 사도 바울이 골로새인들에게 보낸 편지에서 밝힌 내용들에 동의한다. 즉 예수 그리스도는 우주와 교회의 머리시고, 하나님의 목적은 '그리스도가 만물의 으뜸이 되시는 것'이며(1:11-18), "그 안에는 신성의 모든 충만이 육체로 거하시고"(2:9), 우리도 "그 안에서 충만하여졌[다]"는 것을(2:10) 우리는 받아들인다.

하지만 그리스도의 탁월성과 충족성에 대한 이러한 선언들을 입으로 되뇌는 것만으로는 충분하지 않다. 우리 모두는 여기에서 더 나아가 그 선언들이 무엇을 의미하는지를 밝혀야 한다. 어떤 그리스도인들은 '예수 플러스알파' 식의 교리를 갖고 있는 것 같다. 그들은 다음과 같이 말한다. "당신이 예수님께 나아온 것은 잘한 일입니다. 그러나 이제 당신은 신앙의 진보를 위해 또 다른 것이 필요하답니다." 또 어떤 사람들은 그리스도의 충족성을 너무 강조한 나머지 그리스도인의 삶을 정체된 것으로 여기고, 성숙하기 위한 성장이나 그리스도를 더 깊이 충만하게 경험하는 것을 전혀 고려하지 않는 것처럼 보인다.

 셋째로, 우리는 **삶의 다양성**을 인정할 수 있어야 한다. 다시 말해서, 자연과 성경이 보여 주는 살아 계신 하나님은 풍성하고 다채로운 다양성을 지니신 분이다. 그분은 모든 인간과 모든 풀잎, 모든 눈송이를 제각각 다르게 만드셨다. 그래서 나는 나이를 먹어 갈수록 모든 정형화된 것들에 대해 더 거부감을 느끼게 됨을 고백한다. 그럼에도 불구하고 우리 중 어떤 사람들은 다른 사람들을 자신의 특정한 기준으로 판단하거나 또는 그들을 자신의 특정한 틀에 맞추기에 급급한 것 같다. 참으로 슬픈 현상이 아닌가? 나중에 더 자세히 밝히겠지만, 나 자신은 영적 경험은 매우 다양하며 또 영적 은사에도 상당히 여러 종류가 있다고 믿는다. 만일 우리가 서로 속박하고자 하는 욕망을 버리기만 한다면 풍성한 다양성을 지니신 하나님 안에서 새로운 자유와 새로운 교제를 발견할 수 있을 것이다.

 마지막으로, 나는 이 책을 쓰는 목적이 논쟁을 하자는 것이 아니라는 점을 밝히고 싶다. 왜냐하면 나는 평화를 사랑하는 사람이지, 싸우기를 즐겨 하는 사람이 아니기 때문이다. 가끔 내가 부정적인 입장을 취한다면 그것은 그에 상응하는 긍정적인 진리를 더 분명히 밝히기 위해서다. 나는 또 내가 보기에 묻고 대답해야 할 필요가 있다고 여기는 몇몇 문제들을 제기했다. 그러나 다른 사람의 마음을 상하게 하거나 당혹스럽게 하려는 의도는 전혀 없다. 나의 주된 관심사는 성경의 몇몇 중요한 본문들을 자세히 살펴보는 것이다. 그리고 그렇게 하고자 하는 목적은 두 가지다. 첫째는 우리 모두가 그리스도 안에서 우리가 소유하게 된 기업의 위대함을 더 분명히 깨달음으로써 그것을 더 풍성히 누리게 되는 것이다. 둘째는 우리 삶을 통해 성령의 열매를 맺고 또 성령께서 그분의 은혜로운 주권 안에서 우리에게 내려 주신 은사들을 활용해야 하는 우리의 책임이 얼마나 중대한지를 우리 모두가 더 분명히 깨닫게 되는 것이다.

1975년 4월
존 스토트

서론

오늘날 교회의 어디를 살펴보더라도 우리는 성령의 더 깊은 역사가 필요하다는 것을 확실히 알 수 있다.

서구 세계에서는 과거 수 세기 동안 유지되어 왔던 '기독교 국가'라는 낡은 개념이 급속히 사라져 가고 있으며, 갈수록 더 많은 사람들이 조상들의 신앙을 저버리고 있음을 볼 수 있다. 1960년대에는 복음을 현대에 맞게 재해석하려고 시도하는 가운데 세속적인 신학자들이 역사적 기독교의 근본적인 교리들을 공공연히 부인했다. 기독교 신앙을 거의 상실한 서구 세계는 기독교 윤리도 함께 상실해 버렸다. 우리 사회는 이제 명백히 다원주의적이며 자유방임주의적인 사회가 되었다. 교회라는 제도는 남아 있지만, 사람들은 대부분 그것을 과거의 유물로 여기며, 그 유물이 집착해 온 미신처럼 시대에 뒤떨어진 구조로 본다. 그런가 하면 한편으로는 영적인 소생의 조짐이 보이기도 한다. 이런 현상은 오래된 교단들에 속해 있는 몇몇 신선한 생동감을 지닌 교회들에서 나타나기도 하고 가정 교회 운동이나 교회 병행 단체들에서 나타나기도 한다. 하지만 점점 더 세속화되어 가는 사회에서 기독교의 영향력은 계속 감소되어 가고 있는 것이 일반적인 현상이다. 교회의 죽어 있고 메마른 뼈들은 하나님의 살아 있는 생기를 절실히 필요로 하고 있다.

그러나 세계의 다른 곳에서는 교회가 빠르게 성장하고 있다는 점 또한 사실이다. 1974년 스위스의 로잔(Lausanne)에서 열린 '세계 복음화 국제 대회'(International Congress on World Evangelization)에서 우리는 '주 예수 그리스도에 대한 유례없는 수용적 태도'에 대해 들었다. 수많은 사람들이 교회로 몰려오고 있으며, 어떤 지역에서는 그리스도인의 출생률이 일반 인구의 출생률보다 높다. 이 모든 현상은 크게 기뻐할 만한 일이다. 그러나 동시에 이러한 사람들의 움직임은, 마치 초대교회가 그러했던 것처럼, 경쟁과 분파, 잘못된 가르침과 얄팍한 감정주의 등으로 얼룩져 있다. 따라서 여기에서도 우리는 성령의 더 깊은 역사가 필요함을 본다. 왜냐하면 성령이야말로 연합과 진리, 성숙을 가져다주시는 분이기 때문이다.

하지만 단지 서구 세계의 오래된 교회들이나 제3세계의 젊은 교회들을 볼 때에만 성령의 필요를 느끼는 것은 아니다. 우리는 우리 자신을 볼 때에도 그런 필요를 느낀다. 주 예수께 속했다고 말하는 우리 모두는, 각자의 확신이 어떠하든지, 분명히 그리스도인의 생활에서나 사역에서 개인적으로 실패할 때가 많음을 고백할 수밖에 없을 것이다. 우리는 우리가 그리스도의 기준과 초대 그리스도인들의 경험 그리고 성경에 나타난 하나님의 분명한 약속들에 훨씬 못 미치고 있다는 것을 의식한다. 우리는 하나님이 하신 일과 지금도 하고 계신 일에 대해 참으로 감사하며, 그러한 일들을 과소평가함으로써 하나님의 은혜를 손상시키고 싶지 않다. 그러나 우리는 더 많은 것을 바라고 갈망한다. 우리는 또한 진정한 부흥, 즉 교회 안에 전적으로 초자연적인 성령의 역사가 나타남으로 말미암아 성장과 더불어 깊이를 가져다주는, 그러한 부흥을 원한다. 그런 한편 또한 성령을 통해 우리 개인의 삶에서 더 깊고, 더 부요하고, 더 풍성하게 그리스도를 경험하게 되기를 갈망한다.

기본적인 접근 원리들

이 연구를 시작하면서 먼저 네 가지 서론적인 요점을 지적하고자 한다.

첫째, 그리스도인으로서 우리의 공통된 소원과 의무는 우리를 향하신 하나님의 온전한 목적을 찾는 것이어야 한다. 이에 미치지 못하는 것은 결코 그분을 기쁘시게 할 수 없다. 따라서 이에 미치지 못하는 것은 그분의 백성인 우리 자신도 기쁘게 할 수 없다. 그리스도를 따른다고 주장하는 우리 모두는 하나님이 그분의 백성을 향해 품으신 목적을 더 분명하게 이해하고자 노력해야 하며, 그렇게 하지 못했을 경우 우리의 실패에 대해 참회하는 마음을 갖고, 그리스도께 잡힌 바 된 모든 것을 굳게, 온전히 잡기를 열망하면서 열심히 앞으로 나아가야 할 것이다(빌 3:12-14을 보라).

둘째, 우리는 성경에서 이 하나님의 목적을 찾아야 한다. 자기 백성을 위한 하나님의 뜻은 하나님의 말씀에 나타나 있다. 사람들의 경험이 제아무리 참되고 진정하다 하더라도 우리는 그 뜻을 우선적으로, 어떤 특정한 개인이나 그룹에서가 아니라 성경에서 배워야 한다. 우리는, 성경에서 하나님이 분명하게 그분의 모든 백성에게 약속하신 기업의 일부분이 아닌 경우, 하나님이 다른 사람들에게 주신 것을 탐내서도 안 되고 우리에게 주신 것을 다른 이들에게 강요해서도 안 된다. 우리는 자신을 위해 구하거나 다른 사람들을 가르칠 때도 오직 성경의 지배를 받아야 한다. 하나님의 말씀이 우리 안에 풍성히 거할 때에만 우리나 다른 사람들의 경험을 평가할 수 있게 될 것이다. 결코 경험이 진리의 표준이 되어서는 안 된다. 언제나 진리가 경험의 표준이 되어야 한다.

셋째, 성경에 계시된 하나님의 목적은 **설명하는** 부분에서보다 **교훈하는** 부분에서 우선적으로 찾아야 한다. 좀 더 정확히 말하면, 우리는 그 목적을 사도행전의 설화체 본문에서보다 주로 예수님의 가르침과 사도들의 설교나 글에서 찾아야 한다는 것이다. 우리는 성경에서 우리에게 약속된 것을 받아야 하며 우리에게 명령한 것을 순종해야 하는 한편, 성경에서 다른 사람들에게 일어났다고 묘사된 것들이 반드시 우리에게도 동일하게 일어나야 하는 것은 아님을 기억해야 한다.

내가 여기서 말하고자 하는 바는 오해하기가 쉽다. 나는 성경에서 설명하는 부분은 아무 가치가 없다고 말하는 것이 **아니다**. 왜냐하면 "모든 성경은 하나님의 감동으로 된 것으로…유익하기" 때문이다(딤후 3:16). 내가 말하는 뜻은, 설명하는 부분은 교훈하는 부분에 근거해서 해석될 때에만 유익하다는 것이다. 사건을 묘사하는 성경의 어떤 이야기들은 그 안에 설명적인 부분을 담고 있기 때문에 스스로 해석을 제공하는 반면, 어떤 이야기들은 독립적으로는 해석될 수 없고 다른 곳에 나오는 교리적 혹은 윤리적 가르침의 견지에서만 해석될 수 있다.

그래서 바울은 광야에서 이스라엘 백성이 경험한 것은 "그들에게…본보기가 되고…우리를 깨우치기 위하여 기록되었[다]"고 말한다(고전 10:11; 참조. 롬 15:4). 그는 하나님의 심판이 이스라엘 백성에게 임한 몇 가지 경우를 언급하고 있는 것이다. 그러므로 여기에서 우리는 교훈에 유익한 설화체 본문을 접하게 된다. 하지만 이와 같은 설화체 본문의 가치는 그 묘사에 있는 것이 아니라 설명에 있다. 바울은 우리에게 우상숭배, 음행, 주제넘음, 원망 등을 피하라고 말한다. 왜냐하면 하나님이 이런 것들을 기뻐하시지 않기 때문이다. 어떻게 그것을 아는가? 모세가 그 이야기에서 분명히 밝혔고 또 그와 선지자들이 다른 곳에서 가르치는 것처럼, 하나님의 심판이 그들 위에 임했기 때문이다. 하지만 우리는 이러한 이야기들을 보고 우리도 이런 식으로 죄를 범하면 그들처럼 전염병에 걸리거나 뱀에게 물려 죽게 될 것이라는 결론을 끌어내서는 안 된다. 또 우리는 사도행전 5장의 아나니아와 삽비라 이야기를 통해 하나님이 거짓말을 매우 미워하신다는 것을 배울 수 있다. 왜냐하면 베드로가 그렇다고 말했기 때문이다. 그러나 그렇다고 해서 모든 거짓말쟁이가 다 그들처럼 그 자리에서 고꾸라져 죽게 된다고 가정할 수는 없다.

또 다른 보기가 있다. 사도행전의 두 군데 본문에서 누가는 예루살렘에 살던 초대 그리스도인들이 "모든 물건을 서로 통용하고 또 재산과 소유를 팔아 각 사람의 필요를 따라 나눠 주[었다]"고 우리에게 말해 준다(행 2:44-45; 4:32-37). 우리는 이 이야기에서 그들이 모든 그리스도인이 그대로 따라 행해야만 하는 방식을 제시했고, 따라서 그리스도인들은 사유 재산을 가져서는 안 된다는 결론을 끌어내야 하는가? 어떤 사람들은 그렇다고 대답한다. 확실히 그 초대 그리스도인들의 관대함과 서로 돌보는 모습은 우리가 본받아야 할 모습임에 틀림없다. 왜냐하면 신약성경은 우리에게 여러 차례에 걸쳐 서로 사랑하고 섬길 것과 관대하게(심지어는 희생하면서까지) 베풀 것을 명하고 있기 때문이다. 그러나 초대 예루살렘 교회의 이러한 풍습을 근거로 그리스도인들은 모든 사유 재산을 포기해야 한다고 주장하는 것은 성경의 지지를 받을 수도 없을 뿐 아니라, 같은 본문에서 사도 베드로가 말한 내용이나(행 5:4) 사도 바울이 다른 곳에서 말한 내용과도 분명하게 모순된다(예. 딤전 6:17). 이러한 예를 대할 때 우리는 주의해야 한다. 우리는 신약성경이 묘사하는 행습이나 경험이 아니라 분명한 가르침이 주어진 부분으로부터 우리의 믿음과 행위의 표준을 끌어와야 한다.

넷째, 성경의 가르침으로부터 하나님의 목적을 배우려고 하는 우리의 동기는 학문적이거나 논쟁적인 것이 아니라 실제적이며 개인적이어야 한다. 우리는 하나님의 가족에 속한 형제자매들로서, 서로 사랑한다. 우리는 하나님의 뜻을 먼저 우리 자신이 받아들이고 또 다른 사람들에게도 권하기 위해서 그것을 배우려고 한다. 우리는 신학적인 논쟁으로 상대방을 깎아내림으로써 치사하게 점수를 따고자 하는 욕망을 가지고 있지 않다.

우리의 접근의 바탕이 되는 이러한 네 가지 간략한 서론적인 요점들을 확인했으므로, 이제 우리는 성경으로부터 그리고 현대적인 논의와 관련해서, 성령의 약속(그리고 이것이 성령의 '세례'와 같은 것인지에 대해), 성령의 충만, 성령의 열매 그리고 성령의 은사들에 대해 각각 살펴볼 준비가 되었다.

1장

성령의 약속

그리스도인의 삶은 성령 안에서 사는 삶이다. 모든 그리스도인은 이 사실에 기꺼이 동의한다. 은혜로우신 하나님의 성령의 사역이 없이는 그리스도인으로서 살아가며 성장하는 것은 고사하고 그리스도인이 되는 것조차 불가능하다. 그리스도인으로서 우리의 모든 소유와 존재는 다 그분에게서 말미암은 것이다.

모든 그리스도인은 그리스도인의 삶을 시작하는 그 순간부터 성령을 경험하게 된다. 왜냐하면 그리스도인의 삶은 거듭남으로부터 시작되며, 이 거듭남은 "성령으로" 태어나는 것이기 때문이다(요 3:3-8). 성령은 '생명의 영'이시며, 우리의 죽은 영혼에 생명을 불어넣어 주시는 분이다. 이뿐 아니라 성령은 직접 우리 안에 오셔서 우리와 함께 거하신다. 하나님의 자녀라면 누구나 다 이 내주하시는 성령을 소유하고 있다.

그렇다면 하나님이 우리를 자녀로 삼으시고 그 후에 성령을 주시는 것인가 아니면 우리에게 "아들의 영"을 주셔서 우리를 자녀로 삼으시는 것인가? 이 질문에 대한 답변은, 바울의 경우 양쪽을 다 말하고 있다는 것이다. 그는 한편으로는 "너희가 아들이므로 하나님이 그 아들의 영을 우리 마음 가운데 보내사 아빠 아버지라 부르게 하셨[다]"(갈 4:6)고 말하고, 다른 한편으로는 "무릇 하나님의 영으로 인도함을 받는 사람은 곧 하나님의 아들이라. 너희는 다시 무서워하는 종의 영을 받지 아니하고 양자의 영을 받았[다]"(롬 8:14-15)고 말한다. 우리가 이것을 어느 쪽에서 보든지 결과는 같다. 하나님의 영을 소유한 모든 사람은 하나님의 자녀이고, 하나님의 자녀라면 누구나 하나님의 영을 소유하고 있다. 하나님의 자녀가 되지 않고 하나님의 영을 소유하거나, 하나님의 영을 소유하지 않고 하나님의 자녀가 되는 것은 불가능하다. 아니 생각할 수조차 없는 일이다. 더욱이 내주하시는 성령이 가장 먼저, 또 은혜스럽게도 계속해서 하시는 일 중 하나는 우리가 하나님의 자녀임을 확신시켜 주시는 것으로서, 특히 우리가 기도할 때 그렇게 하신다. 우리가 "아빠! 아버지!"라고 부르짖을 때, 그것은 "성령이 친히 우리의 영과 더불어 우리가 하나님의 자녀인 것을 증언하시는" 것이다(롬 8:15-16; 참조. 갈 4:6). 바울은 "누구든지 그리스도의 영이 없으면 그리스도의 사람이 아니라"고 확언함으로써 이 사실을 요약한 바 있다(롬 8:9; 참조. 유 19절).

 로마서 8장의 모든 구절은 매우 중요하다. 왜냐하면 그 구절들은 '그리스도 안'에 거하는 것과 '성령 안'에 거하는 것, 우리 안에 '성령을 모시는 것'과 '그리스도를 모시는 것'이 바울의 생각으로는 동일하다는 것을 보여 주기 때문이다. 어느 누구도 성령을 소유하지 않고 그리스도를 소유할 수는 없다. 예수님도 다락방 강화에서 이 점을 분명히 하셨다. 그분은 삼위일체의 세 위격이 우리에게 '오시는 것' 사이에 아무런 구별도 하지 않으셨다. 예수님은 "내가 오리라"고 말씀하셨고, "우리가 와서"(아버지와 아들이), 또 "보혜사가 오[시면]"이라고 말씀하셨다(요 14:18-23; 16:7-8).

일단 성령이 우리에게 오셔서 우리 안에 거하시면, 성령은 우리 몸을 그분의 전으로 만드셔서(고전 6:19-20) 성화의 사역을 시작하신다. 간단히 말해서, 성령의 사역은 그리스도를 우리에게 나타내시는 것과 우리 안에 그리스도의 형상을 이루시는 것 두 가지라고 할 수 있다. 그렇게 함으로써 우리가 그리스도를 아는 지식과 그리스도의 형상을 닮는 일에서 꾸준히 자라 가게 하시려는 것이다(예. 엡 1:17; 갈 4:19; 고후 3:18을 보라). 우리가 타락한 본성의 악한 소욕을 제어하고 그리스도인의 품성의 선한 열매를 맺는 일은 우리 안에 내주하시는 성령의 능력으로만 가능하다(갈 5:16-25). 또한 성령은 그리스도인들에게 그저 개인적으로만 역사하시는 일종의 사적 소유물이 아니시다. 그분은 우리를 그리스도의 몸인 교회에 연합시키심으로써 그리스도인의 교제가 '성령의 교제'가 되게 하시고, 그리스도인의 예배가 성령 안에서, 성령에 의해서 드려지는 예배가 되게 하신다(예. 빌 2:1; 3:3). 또한 우리를 일깨우셔서 그리스도를 증거하게 하시고, 우리가 감당해야 할 봉사의 일을 위해 은사들로 우리를 구비시키심으로써 우리를 통해 다른 사람들에게까지 영향을 미치신다. 이뿐 아니라 성령은 "우리 기업의 보증"이라고 불린다(엡 1:13-14). 왜냐하면 우리 안에 거하시는 성령의 임재야말로 하늘에 대한 담보물이자 그 하늘을 미리 맛보는 것이기 때문이다. 그리고 마지막 날에 그분은 우리의 죽을 몸을 살리실 것이다(롬 8:11).

그리스도인의 경험 가운데 나타나는 성령의 주요 사역을 이렇게 대강 훑어보기만 해도 우리는 그리스도인의 삶의 시작부터 마침까지, 바울이 "우리에게 주신 성령"이라고 부른(롬 5:5), 그 성령의 사역에 의존하고 있음을 충분히 알 수 있다. 이 점에 대해서는 모든 그리스도인이 동의하리라고 믿으며, 또한 그렇게 믿기를 바란다.

하지만 성령이라는 이 약속된 '선물'은 성령의 '세례'와 동일한 것인가? 바로 이 부분에서 사람들의 확신이 나뉜다. 어떤 이들은 '그렇다'고 말하고 어떤 이들은 '그렇지 않다'고 말한다. '그렇지 않다'고 말하는 사람들, 즉 성령의 '선물'과 '세례'는 다르다고 말하는 자들은, 아무리 최소한 이상적으로는 세례가 선물에 바로 뒤이어 나타난다 하더라도, '세례'를 두 번째요 나중 경험이라고 가르친다. 반면에 두 가지가 같다고 보며 따라서 성령으로 '세례'받은 것은 성령을 '받은 것'을 나타내는 생생한 수사학적 표현이라고 보는 사람들은, 이 '세례'를 모든 그리스도인이 받은 것으로 여긴다. 내 입장은 후자인데, 이제 곧 그 입장의 성경적 근거라고 생각하는 것들을 상세히 설명할 것이다.

이것은 겉으로 보이는 것처럼 그저 용어와 관련된 하찮은 말장난이 아니다. 오히려 그와 반대로, 이 문제는 다른 사람들을 위한 상담에는 물론 그리스도인으로서 우리 자신의 순례 길에도 상당한 영향을 미치게 되어 있다. 따라서 우리는 이 문제를 다루는 성경의 중요한 본문 몇 군데를 살펴보아야 한다. 그러나 그 이전에 우선 토론을 위한 준비 작업을 해야 할 것이다.

본문을 그 문맥에 따라 해석해야 한다는 것은 성경 연구에서 항상 중요한 원리다. 문맥이 넓으면 넓을수록 해석은 더욱 정확해질 것이다. 물론 가장 넓은 문맥은 성경 전체다. 우리는 성경 전체가 기록된 하나님의 말씀이라고 믿는다. 그뿐 아니라 하나님은 모순된 말씀을 하시지 않기 때문에, 우리는 성경이 조화를 이루는 신성한 계시라고 믿는다. 우리는 결코 '성경의 한 부분을 해석할 때 다른 부분과 모순되도록 해석'해서는 안 되며(잉글랜드 성공회의 신조인 39개 조항 중 제20조), 각 부분을 성경 전체의 조명하에 해석해야 한다.

'성령의 세례'가 무엇인지에 대한 의문에 이 원리를 적용할 때 가장 먼저 눈에 띄는 점은, 이런 표현이 전적으로 신약에만 나온다는 것과(7회), 그러면서 또한 구약성경이 기대해 온 것의 성취라는 것이다. 이 기대는 대체로 하나님이 그분의 영을 '부어 주실 것' 이라는 약속의 형태로 제시되고 있는데, 사도 베드로는 오순절에 행한 그의 설교에서 명확하게 (요엘이 약속한) 이 영의 '부어 주심'을 (세례 요한과 예수님이 약속한) 성령의 '세례'와 동일시했다. 이 두 표현은 같은 사건, 같은 경험을 가리킨다.[1]

독특한 축복의 약속

좀 더 살펴보도록 하자. 이 성령의 '부어 주심' 또는 '세례'는 새로운 시대에 속한 주요하고 독특한 축복 중 하나였다. 이 축복이 얼마나 독특한 것이었던지 사도 바울은 예수님에 의해 시작된 새로운 시대를 '영의 세대'(dispensation: 한글 개역개정에는 "영의 직분"으로 번역되어 있음—옮긴이)라고 기술할 정도였다(고후 3:8).

물론 이렇게 말한다고 해서 성령이 그전에는 존재하시지 않았다는 말은 아니다. 성령은 하나님이시며, 따라서 영원하시다. 또 이전에는 성령이 활동하지 않으셨다고 말하는 것도 아니다. 구약 시대에도 성령은 끊임없이 활동하셨다. 우주를 창조하고 보존하시는 일에서, 섭리와 계시에서, 신자들의 중생에서 그리고 특별한 과업을 위해 특별한 사람들을 구비시키는 일에서, 성령은 끊임없이 활

---

1   참조. 행 1:4-5; 2:17, 33.

동하셨다.

그럼에도 불구하고 몇몇 선지자들은 메시아의 시대가 되면 하나님이 성령을 풍성히 부어 주실 것이고, 그 부어 주심은 새롭고 독특하며, 또 (앞으로 살펴보겠지만) 모든 사람을 위한 것이 되리라고 예언했다. 그렇기에 이사야는 "위에서부터 영을 우리에게 부어 주[실]" 날이 올 것이라고 말했다(사 32:15). 이사야 44:3에서 하나님은 다음과 같이 약속하셨다. "나는 목마른 자에게 물을 주며 마른 땅에 시내가 흐르게 하며 나의 영을 네 자손에게, 나의 복을 네 후손에게 부어 주리니." 에스겔도 이와 비슷한 표현을 했다. "그들이 내가 여호와 자기들의 하나님인 줄을 알리라…이는 내가 내 영을 이스라엘 족속에게 쏟았음이라…"(겔 39:28-29). 그리고 우리에게 더 잘 알려진 또 다른 본문에서 하나님은 "그 후에 내가 내 영을 만민에게 부어 주리니…"라고 말씀하셨다(욜 2:28).

구약의 마지막 선지자 세례 요한은, 메시아 자신이야말로 성령을 부어 주시는 분이심을 밝히는 유명한 구절에서 이러한 구약의 기대를 다음과 같이 요약한다. "나는 너희에게 물로 세례를 베풀었거니와 그는 너희에게 성령으로 세례를 베푸시리라"(막 1:8).

공관복음의 세 저자가 단순 미래형으로("그가 세례를 베푸시리라") 기록한 요한의 이 말이 제4복음서에서는 현재분사형으로 되어 있다는 점은 주목할 만하다. "나도 그를 알지 못하였으나 나를 보내어 물로 세례를 베풀라 하신 그이가 나에게 말씀하시되 성령이 내려서 누구 위에든지 머무는 것을 보거든 그가 곧 성령으로 세례를 베푸는 이인 줄 알라 하셨기에"(요 1:33). 현재분사형을 사용한 것은 그 일이 특정한 시간대에 한정되어 있지 않음을 나타낸다. 그것은 오순절의 단회적인 사건을 묘사하는 것이 아니라 예수님의 독특한 사역을 나타낸다. "그가 곧 성령으로 세례를 주는 이다."[2] 여기서 예수님을 가리키는 '호 밥티존'(ho baptizōn)이란 말은 마가가 세례 요한을 가리키는 데 사용한 단어와 같다! 요한은 대개 '호 밥티스테스'(ho baptistēs), 즉 '세례자'(the Baptist)로 불리지만, 마가복음에서는 세 번이나 '호 밥티존'으로 불리고 있다(1:4; 6:14, 24). RSV는 이 말을 '세례 베푸는 자'(the Baptizer)로 번역하였다. 다시 말해서, 요한이 '세례자' 또는 '세례 베푸는 자'로 불린 것은 물로 세례 주는 것이 그의 사역의 특징이었기 때문이듯이, 예수님이 '세례자' 또는 '세례 베푸는 자'로 불린 것도 성령으로 세례 베푸는 것이 그분의 사역의 특징이었기 때문이다.

예수님의 독특하고 지속적인 사역에 대한 이러한 언급은 요한복음 1:29에 의해서 더욱 강화된다. 이 장에서 세례 요한은 "보라, 세상 죄를 지고 가는 하나님의 어린양이로다!"라고 말한다. 여기에 쓰인 단어는 또 다른 현재분사로 '호 아이론'(ho airōn)이다. 29절과

---

2 이런 식의 헬라어 구문에 대한 또 다른 예는 갈 1:23에서 찾아볼 수 있다. 그 구절은 다소의 사울을 '호 디오콘 헤마스 포테'(ho diōkon hēmas pote), 즉 '한때 우리를 핍박하던 자' 또는 단순히 '우리의 이전 핍박자'라고 묘사하는데, 이것은 그의 회심 이전의 특징을 보여 주는 것이다.

33절을 함께 생각해 볼 때 우리는 예수님의 특징적인 사역이 이중적이라는 점을 발견하게 된다. 그 사역은 옮겨 버리는 것과 가져다 주는 것, 즉 죄를 지고 가는 것과 성령으로 세례를 베푸는 것이다. 바로 이것이 우리의 구세주 예수 그리스도가 주시는 두 가지 위대한 선물이다. 구약의 선지자들과 신약의 사도들은 이 두 선물을 하나로 합쳐서 말했으며, 따라서 이 둘은 분리될 수 없다. 하나님은 선지자 에스겔을 통해 다음과 같이 약속하셨다. "맑은 물을 너희에게 뿌려서 너희로 정결하게 하되…또 내 영을 너희 속에 두어 너희로 내 율례를 행하게 하리니…"(겔 36:25, 27).

하나님의 이 두 가지 약속은 사실상 예레미야가 예언한 '새 언약'의 두 가지 주된 복이다. 왜냐하면 새 언약의 내용에는 다음의 약속이 포함되어 있기 때문이다. "내가 나의 법을 그들의 속에 두며 그들의 마음에 기록하여…내가 그들의 악행을 사하고 다시는 그 죄를 기억하지 아니하리라."[3]

사도들이 이 약속들을 어떻게 새 언약과 연관시켰는지를 보면서, 우리는 성경의 통일성에 대한 놀라운 증거를 보게 된다. 그들은 새 언약이 예수님의 피로 제정되고 비준되었다는 것을 알았다(마 26:28; 히 7:22; 8:1-13). 그래서 그들은 바로 그 예수님을 통해 언약의 약속된 복들이 얼마든지 주어지게 되었다고 주저 없이 말했

---

[3] 렘 31:31-34, 겔 36:27과 고후 3:3, 6-8이 보여 주듯이, 우리 마음에 법을 새기는 것은 물론 성령의 사역이다.

다. 바울은 그리스도인 사역자들을 "새 언약의 일꾼"이라고 불렀으며, 계속해서 그 새 언약을 "의의 직분"(즉 칭의)과 "영의 직분"이라고 묘사했다(고후 3:6-9).

이와 비슷하게 사도 베드로도 오순절에 "너희가 회개하여 각각 예수 그리스도의 이름으로 세례를 받고 죄 사함을 받으라. 그리하면 성령의 선물을 받으리니"라고 외쳤다(행 2:38). 이렇게 말함으로써 베드로는, 회개하고 믿고 예수님의 이름으로 세례를 받음으로써 예수님에 대한 회개의 신앙을 공적으로 증거한 사람들이 하나님이 거저 주시는 두 가지 선물, 즉 죄의 용서와 성령의 선물을 받게 되었음을 확증했다.[4]

이뿐 아니라 사도행전의 처음 두 장을 주의 깊게 읽어 보면 이 '성령의 선물'은 바로 그 앞에서 언급된 '성령의 약속'(행 1:4; 2:33, 39), '성령의 세례'(1:5), '성령의 부어 주심'(2:17, 33)과 동일한 것임을 알 수 있다. 물론 이 표현 중에서 두 가지는 성령을 주는 쪽을 더 강조하는 반면 나머지 두 가지는 받는 쪽을 더 강조한다고 말할 수 있다. 우리는 이러한 사실을 다음과 같이 요약할 수 있을 것이다. 즉 여기에 나오는 회개하는 신자들은 하나님이 오순절 전에 **약속하셨던** 성령의 선물을 받은 것이며, 따라서 하나님이 오순절에

---

[4] 회개에 더하여 믿음이 요구된다는 것은, 신약성경의 나머지 부분과는 관계없이, 41절의 "그 말을 받은 사람들"과 44절의 "믿는 사람이 다"라는 표현들을 볼 때 명백하다.

부어 주신 성령으로 **세례를 받은** 것이었다. 더 나아가서 사도 베드로는 이러한 동일시에 대한 확신을 계속 유지했다. 후에 고넬료가 회심하고 성령을 받았을 때 베드로는 그것을 똑같이 성령의 '세례'와 '선물'이라고 지칭했다(행 11:16-17).

이러한 성경의 증거들을 모두 살펴볼 때, 성령의 '세례'는 성령의 약속 또는 선물과 동일한 것이며, 죄의 용서와 마찬가지로 구원의 복음에 필수적인 요소라는 것이 나에게는 분명한 사실로 보인다. 우리는 결코 '구원'을—마치 그것이 오직 죄, 죄책, 진노 그리고 죽음으로부터 건져 냄을 받는 것에서 그치는 것처럼—전적으로 소극적인 용어로만 이해해서는 안 된다. 우리는 구원이 이 모든 요소를 포함하고 있음을 하나님께 감사드린다. 하지만 구원에는 우리를 중생시키시고, 우리 안에 내주하시며, 우리를 자유롭게 하시고 변화시키시는 성령의 적극적인 축복 또한 포함된다. 만일 우리가 한쪽을 제쳐놓고 다른 한쪽만 선포한다면 얼마나 왜곡된 복음을 전하는 것이겠는가! 그리고 성경에 충실하기만 한다면 우리가 나눌 복음은 얼마나 영광스러운 복음이겠는가! 죄인들이 회개하고 믿을 때, 예수님은 그들의 죄를 멀리 옮기실 뿐 아니라 그들에게 그분의 영으로 세례를 베푸신다. 바울이 디도에게 사용한 극적인 표현처럼, 실로 하나님은 우리를 '구원하실' 때 단지 우리를 그분의 은혜로 '의롭다 하실' 뿐 아니라 우리에게 '씻음' 또는 '목욕'을 베푸신다. 만일 이 말이 물세례를 가리킨다면(그럴 가능성이 높다), 그것은 물세례가 상징하는 것이 무엇인지를 보여 주는 것이다. 왜냐하면 바울은 이 말을 놀랍고도 복합적인 표현으로 기술하고 있기 때문이다. 그것은 "중생의 목욕과 하나님께서 우리 구주 예수 그리스도로 말미암아 우리에게 풍성하게 부어 주시는 성령의(다시 말해서 성령에 의한) 새롭게 하심"이다(3:4-7, 문자적 번역). 따라서 우리를 중생시키고 새롭게 하기 위해 부어진 성령은 여기서도 우리의 구원의 일부분으로 나타나고 있다. 성령의 '세례'나 '선물'은 실로 예수 그리스도에 의해 시작된 새로운 시대의 독특한 축복 중 하나다.

보편적 축복의 약속

논증의 다음 단계는 성령의 부어 주심 또는 세례가 단지 새로운 시대의 **독특한** 축복일 뿐만 아니라(이 축복이 그 이전에는 주어지지 않았다는 점에서), 또한 **보편적** 축복이라는 점을 밝히는 것이다[이 축복이 이제는 하나님의 모든 자녀의 생득권(birthright)이 되었다는 점에서]. 이 두 번째 측면은 그 축복이 하나님이 그리스도를 통해 우리에게 허락하신 구원의 한 부분이라는 사실에서 이미 분명하게 드러났다. 하지만 그 사실을 확증해 주는 다른 증거들이 있다.

첫째는, 요엘의 예언과 그 예언에 대한 베드로의 이해다. 하나님이 요엘 선지자를 통해서 주신 약속에서 강조점은 성령이라는 선물의 보편성이다. 베드로는 그 예언을 다음과 같이 인용했다. "하나님이 말씀하시기를 말세에 내가 내 영을 모든 육체에 부어 주리니"(행 2:17). 여기서 "모든 육체"는 그 선물을 받기에 합당한 사람들의 내적인 준비 상태, 즉 그들의 회개와 믿음 등과 전혀 상관없이 문자적으로 모든 육체를 의미하는 것이 아니다. 이 말의 의미는 사람들의 외적인 신분이나 특권 등과 관계없이 모든 육체에게 해당된다는 것이다. 다시 말해서 이 선물을 받는 데에는 성별이나 나이, 지위나 인종 등이 전혀 상관없다는 뜻이다. 왜냐하면 아들이나 딸, 젊은이나 늙은이, 남종이나 여종, 이방인을 뜻하는 "먼 데 사람"(39절) 등 모든 사람이 그 선물을 받을 수 있기 때문이다. 조금 더 자세히 밝힌다면 회개하고 믿는 사람들은 나이, 성별, 인종, 지위와 관계없이 모두 포함된다는 것이다.

구약 시대에는 모든 신자가 중생했음에도 불구하고,[5] 성령은 특별한 때에 특별한 사역을 위해 특별한 사람들에게만 임하셨다. 이제 곧 살펴보겠지만, 성령은 지금도 여전히 특별한 일을 위해 특별한 사람들에게 재능을 주신다. 하지만 이제 성령의 사역은 구약 시

---

5   이 사실에 대한 주된 증거들은 간접적인 것들이다. 첫째, 그들은 확실히 '의롭게 여김을 받았는데'(참조. 창 15:6과 시 32:1-2에 근거한 롬 4:1-8), 죄인이 중생함 없이 어떻게 의롭게 여김을 받을 수 있는지 상상하기 어렵다. 둘째, 그들은 하나님의 법을 사랑한다고 주장했다(예. 시 119:97). 중생하지 못한 본성은 하나님에 대해 적대적이고 그의 법을 대적하고자 한다는 점(롬 8:7)을 생각해 볼 때, 그들은 새로운 본성을 가졌다고 보인다. 우리는 예배 시간에 시편으로 찬양을 드리는데, 그것은 그 속에 중생한 자들의 언어가 있다는 점을 인정하기 때문이다.

대와는 비교할 수도 없을 만큼 더 넓고 깊어졌다. 그렇다면 구약 시대의 성령의 사역과 오늘날의 성령의 사역은 어떻게 다른가? 첫째, 모든 믿는 사람은 이제 성령의 축복에 참여한다. 둘째, 비록 구약 시대의 신자들도 하나님을 알았고 중생을 경험하긴 했지만, 이제는 그들이 알지 못했던 성령의 내주하심이 있다. 이 축복은 새 언약과 하나님의 나라에 속한 것이며, 선지자들과 주 예수님이 약속하셨던 것이다(렘 31:33; 겔 36:26-27; 요 14:16-17; 롬 14:17). 셋째, 이제 성령의 독특한 사역은 본질적으로 예수 그리스도와 관련이 있다. 우리는 성화의 사역에서 성령은 믿는 자들에게 그리스도를 나타내 보이시고, 그리스도인들 안에 그리스도의 형상을 이루신다는 것을 이미 살펴보았다. 하지만 그 일의 성격상, 그리스도가 오시기 전에는 성령이 그 일을 하실 수 없었다(예. 요 16:14; 갈 4:19; 엡 3:16-17).

베드로가 요엘 선지자의 예언을, 성령의 선물 또는 세례를 모든 신자에게 약속한 것으로 이해했다는 점은 그의 위대한 설교의 결론을 볼 때 더욱 분명하다(행 2:38-39). 그 결론에서 그는 요엘의 예언을 청중들에게 다음과 같이 적용했다. "너희가 회개하여 각각 예수 그리스도의 이름으로 세례를 받고 죄 사함을 받으라. 그리하면 성령의 선물을 받으리니 이 약속[즉 우리가 상속받은 약속, 33절을 보라]은 너희와 너희 자녀와 모든 먼 데 사람 곧 주 우리 하나님이 얼마든지 부르시는 자들에게 하신 것이라." 이 마지막 구절은 매우 분명하고 인상적인 주장이다. 그것은 성령의 '선물' 또는

'세례'의 약속은 주 우리 하나님이 부르시는 사람이면 누구에게나 해당된다는 말이다. 하나님의 약속의 범위는 그분의 부르심의 범위와 같다. 이 신성한 부르심을 받아들이는 자는 누구나 이 신성한 약속을 상속받는다.

오순절 날

그리고 이 일이 일어났다! 그날 말씀을 들은 사람들 중 3,000명은 회개하고, 믿고, 물로 세례를 받았다. 그들이 죄 사함과 성령의 선물을 받았는지에 대해 본문이 명확히 말하고 있지는 않지만, 우리는 그랬으리라고 강하게 추정한다. 이것은 아무 언급이 없기 때문에 지레짐작하는 그런 논증이 아니다. 우리의 추정은, 그들이 회개하고 믿고 세례를 받으면 그 선물들을 받게 될 것이라고 말한 사도 베드로의 분명한 약속을 근거로 한 것이다. 성경은 그들이 '이 말을 듣고'(즉 회개하는 믿음으로) 세례를 받았다고 말한다(41절). 따라서 그들이 필요한 조건을 만족시켰기 때문에 하나님은 그분의 약속을 이루셨음이 틀림없다. 이 사실은 사도행전 2장에 의하면 오순절에 서로 다른 두 그룹의 사람들이 성령의 '세례' 또는 '선물'을 받았음을 보여 주는 것이다. 이 두 그룹은 이 장의 초두에 나오는 120명과 말미에 나오는 3,000명이다.

3,000명은 처음 그룹의 사람들과 같은 기적적인 현상(급하고 강

한 바람, 불의 혀, 방언으로 말하는 것 등)을 경험한 것 같지는 않다. 적어도 그러한 현상들에 대한 언급은 없다. 그러나 베드로를 통해 주시는 하나님의 확증에 의하면, 그들은 같은 약속을 받았고 같은 선물을 받았음에 틀림없다(33, 39절). 그럼에도 불구하고 이 두 그룹 사이에는 차이가 있다. 120명은 이미 중생한 사람들로서 열흘 동안 하나님을 기다린 끝에 성령의 세례를 받은 반면, 3,000명은 불신자들이었다가 죄 사함과 성령의 선물을 동시에 받았다. 그리고 그 일은 전혀 기다릴 필요 없이, 그들이 회개하고 믿은 즉시 일어났다.

이렇게 120명과 3,000명의 두 그룹을 구별하는 것은 매우 중요하다. 왜냐하면 오늘날의 표준은 (흔히들 생각하는 것처럼) 첫째 그룹이 아니라 둘째 그룹인 3,000명의 경험임이 틀림없기 때문이다. 120명의 경험이 명확하게 구별되는 두 단계에 걸쳐 이루어진 것은 단지 역사적인 상황에 기인한 것이었다. 그들은 오순절 전에는 오순절의 선물을 받을 수 없었다. 그러나 이러한 특수한 역사적 상황은 더 이상 존재하지 않는다. 우리는 3,000명처럼 오순절 사건 이후에 살고 있다. 따라서 그들처럼 우리도 죄 사함과 성령의 '선물' 또는 '세례'를 동시에 받게 된다.

그렇다고 해서 오순절의 두 번째 그룹과 관련된 모든 것이 오늘날 그리스도인의 경험의 표준이 된다고 말하는 것은 아니다. 나는 단 한 번의 설교로 3,000명의 회심자가 생긴 것은 누구나 예외적인 일로 여기리라고 생각한다. 그러한 현상은 분명히 현대 세계에서 복음 전도자가 평균적으로 기대하는 것과는 다르지 않은가!

사실상 오순절은 적어도 구별되는 두 가지 의미를 갖고 있으며, 이 둘 사이의 차이점을 구별하지 못한 것이 현대의 많은 혼란의 근본적인 원인이다. 먼저, 예수님의 죽음, 부활, 승천에 이어서 발생한, 오래전부터 약속되어 온 성령의 부어 주심은 예수님이 행하신 구속 사역 중 마지막 사건이었다. 그렇기 때문에 그 일은 새 시대, 메시아의 시대 또는 성령의 시대의 도래를 마무리 짓는 사건이었다. 따라서 그 일은, 그에 앞선 구세주의 죽음, 부활, 승천이 반복될 수 없는 것처럼 반복될 수 없는 사건이다. 그러나 그 축복은 그리스도에게 속한 모든 자들을 위한 것이다. 그날 이후 모든 그리스도인은 예외 없이 이 새 시대에 참여한 자들이 되었으며, 그리스도께서 자신의 죽음, 부활, 승천 그리고 성령을 부어 주심으로써 마련해 주신 죄 사함과 성령의 선물을 받았다. 이런 의미에서, 베드로의 설교의 결과로 오순절에 회심한 자들은 그 이후의 모든 신자의 전형이다.

그러나 오순절은 또 다른 좀 더 특별한 의미를 지니고 있다. 그 사건은 성령의 오심에 대한 구약성경의 일반적인 기대의 성취일 뿐 아니라, 예수님이 다락방에서 일차적으로 사도들에게 주신 특별한 약속의 성취였다. 그리고 그 약속의 성취는, 하나님의 영감을 받은 권위 있는 교사들로서 사도들에게 맡겨진 특별한 사역을 감당할 수 있도록 사도들을 구비시키기 위한 것이었다.

오순절 사건에서 우리는 또 세 번째 의미를 찾을 수 있다. 우리는 오순절을 마땅히 최초의 '부흥'으로 여길 수 있을 것이다. 성령께서 최초로 그분의 능력을 풍성히 나타내셔서 3,000명이나 되는 사람들이 일제히 죄에 대해 찔림을 받고 거듭나서 그리스도인 공동체에 가입하게 되었다. 그러한 부흥 또는 성령의 능력의 이례적인 나타남은 기독교 교회의 역사에서 때때로 이어져 왔다. 그러나 우리는 그러한 현상들을 표준적인 것으로 볼 수는 없다.

하지만 베드로의 설교의 결론 부분에서 하나님이 부르셨고 따라서 참회하는 믿음으로 반응한 모든 자에게 특별히 주어진 약속은 표준적인 것으로서, 그 내용은 그들이 죄 사함과 성령을 둘 다 받게 된다는 것이다. 이 두 가지 선물은 과거에도 그리고 지금도 여전히 함께 주어지며 받게 된다. 이 둘 사이에는 120명의 경우와 같은(앞에서 밝힌 것처럼 예외적인 역사적 상황으로 인한) 시간차가 없다.

어떤 독자들은, 사도행전 뒷부분(8:5-17; 19:1-7)에 나오는 사마리아인 신자들과 세례 요한의 제자들의 경험 역시 두 단계로 이루어져 있다는 점을 지적하면서, 120명의 경험이 유일한 경우는 아니었다고 즉시 반박하고자 할 것이다. 우리는 이제 곧 이 두 본문을 살펴볼 것이다. 그리고 그 전에 나는 성령에 대한 교리는 사도행전에 나오는, 전적으로 설명하는 본문을 근거로 형성되어서는 안 된다는 점을 다시 한번 반복해서 강조해야겠다. 그러한 본문에 근거하여 일관성 있는 교리를 형성하는 것은 불가능하다. 왜냐하면 그 본문들의 묘사가 일관적이지 않기 때문이다. 우리는 성령에 대한 교리를 심지어는 오순절에 대한 묘사로부터 추출할 수도 없다. 내가 앞에서 시도했던 것은, 베드로가 그의 설교에서 제공한 그 사건에 대한 해석으로부터 몇 가지 결론을 연역적으로 끌어낸 것이었다. 그뿐 아니라, 특수한 것이 아닌 일반적인 것에서 시작하는 것이 성경 해석의 기본적인 원리다. 우리가 해야 할 본질적인 질문은 성령을 받는 일과 관련해서 신약성경 저자들의 일반적인 가르침은 무엇인가 하는 것이다. 그렇게 할 때 우리는 이러한 일반적인 가르침의 조명하에, 그러한 표준에서 분명히 벗어난 것들과 사도행전의 설화체 본문들을 둘 다 숙고할 수 있는 자리에 서게 된다.

그렇다면 성령을 언제, 어떻게 받는지에 대해 사도들은 무어라고 가르쳤는가? 이 질문에 대해 우리는 평이하고 분명한 답변을 할 수 있다. 우리는 방금 베드로의 가르침을 살펴보았다. 이제 바울 역시 베드로와 똑같은 내용을 일관성 있게 가르치고 있음을 주목하라. 바울은 우리가 "성령을 받은 것"은, 우리가 행한 순종이라는 선한 행위의 결과가 아니라 "듣고 믿음" 즉 '복음을 듣고 믿음'에 의해서라고 주장한다(갈 3:2). 더 간단히 말하면, "우리는 믿음으로 말미암아 성령의 약속을 받은" 것이다(갈 3:14). 그리고 본문의 문맥은 이 '믿음'이 두 번째, 그러니까 회심 후에 뒤따르는 믿음의 행동이 아니라, 구원의 믿음이며 복음에 반응해서 그리스도를 붙드는 그 믿음이라는 점을 분명히 보여 준다.

사마리아인 신자들

성령의 선물 또는 세례는 보편적인 축복이며 하나님의 모든 자녀가 공통적으로 소유한 것이라는 예수님과 사도들의 분명하고 일반적인 가르침을 확인했으면, 이제 우리는 성령을 받지 않고도 신자가 된 것처럼 보이는 사람들에 대한 이야기가 나오는 사도행전의 두 군데 본문을 다룰 준비가 되었다. 이 본문들을 주의 깊게 공부해 보면 우리는 이 두 경우 모두 어딘지 모르게 예외적이고 일반적이지 않은 면이 있음을 보게 될 것이다.

첫 번째 본문은 사도행전 8:5-17이다. 전도자 빌립이 사마리아에서 복음을 전하자 많은 사람들이 믿고 세례를 받았다. 그들이 진정한 그리스도인 신자들이었다는 점은 거의 의심의 여지가 있을 수 없다. 그들의 반응에 부족한 점이 있었다는 암시는 전혀 없다. 유일한 예외가 있다면 마술사 시몬인데, 그가 '믿었다'(13절)고 나오지만, 후에 그의 신앙 고백은 진정한 것이 아니었음이 밝혀졌다(20-23절). 사마리아 신자들에 관해 특이한 면이 드러나는 첫 번째 조짐은 "예루살렘에 있는 사도들이 사마리아도 하나님의 말씀을 받았다 함을 듣고 베드로와 요한을 보[냈다]"는 사실에서 드러난다(14절). 왜 그랬는가? 두 사도를 보내 전도 사역을 조사하고 심사해야 했던 경우가 또 있었다는 증거는 없다. 예를 들어, 같은 장의 후반부(26-40절)에서 동일한 인물인 빌립은 에티오피아의 내시에게 복음을 전했고, 그가 믿자 세례를 주었다. 그러나 어느 사도도 이 사실을 심사하거나 그에게 안수를 하지는 않았다. 그렇다면 사도들이 파송된 이 예외적인 절차는 어떻게 설명해야 하겠는가?

가장 그럴듯한 대답은, 이것이 복음이 예루살렘 밖에서 전파된 최초의 사례라는 것이 아니라(1, 4절), 이 회심자들이 사마리아인들이었다는 것이다. 이 점이야말로 기독교 선교의 전개를 설명하는 누가의 이야기의 주안점임에 틀림없다. 그는 오순절 전에 예수님이 주신, "예루살렘과 온 유대와 사마리아와 땅끝까지 이르러 내 증인이 되리라"(1:8)는 명령이 어떻게 성취되어 가는지를 묘사하고 있다. 사마리아인들에게 그리스도를 전파하고자 한 빌립의 결정(8:5)은 매우 담대한 결정이었다. 수 세기 동안 유대인과 사마리아인 사이에는 쓰디쓴 경쟁의식이 존재해 왔고 바로 이 시점까지도 유대인들은 "사마리아인과 상종하지 아니[하였다]"(요 4:9). 그러나 이제 유대인이 사마리아인에게 복음을 전했을 뿐 아니라 사마리아인들도 유대인의 메시지를 받아들였다! 무슨 일이 일어난 것인가? 그것은 흥분되는 순간인 동시에 위험한 순간이기도 했다. 빌립이 이렇게 행동한 것은 옳았는가? 사마리아인들이 참으로 복음을 받아들일 수 있었단 말인가? 그리고 더 중요한 것은, 유대인 그리스도인들이 그들을 용납할 수 있겠는가? 또는 유대인과 사마리아인 사이의 오랜 알력이 교회 내에서도 지속되어 유대인 그리스도인들과 사마리아인 그리스도인들 사이에 위험스러운 분열이 야기되지는 않겠는가? 바로 그러한 상황이 발생하지 않도록, 대표적인 두 사도가 사마리아에 찾아가 그들의 회심을 검토해 보고 그들 위에 안수하여 사마리아인들의 회심의 진정성을 인정하고 확증할 때까지, 하나님이 의도적으로 성령의 선물(또는 적어도 그 선물의 외적 증거)을 보류하셨다고 보는 것이 타당한 해석이 아니겠는가? 사마리아인들의 이야기에 대한 다른 설명들은 (1) 사도들의 일반적인 가르침(이 사건은 그러한 가르침과 많은 차이를 드러내고 있다)과 조화되지 못하며, (2) 동시에 그 사건을 역사적인 정황 속에서 설명해 내지 못하고 있다.

 이 사마리아인들의 이야기가 명백하게 예외적이라는 점을 생각할 때, 어떻게 대부분의 오순절주의 그리스도인들과 일부 은사주의 그리스도인들이 그것을 오늘날의 영적 경험의 표준이 된다고 여길 수 있는지, 다시 말해서 성령이 회심 이후에 주어진다고 생각할 수 있는지 이해하기가 어렵다. 그리고 이와 마찬가지로 성령이 사도들의 안수에 의해서만 주어진다고 보는 '가톨릭'의 견해(그들은 사도들의 안수가 이제는 '사도적 계승자'인 감독들의 안수를 의미한다고 이해한다) 또한 정당화하기 어렵다. 사마리아인들이 성령의 선물을 받은 시기와 방법이 전형적인 것이 될 수 없다는 점은 신약성경의 다른 부분을 볼 때 분명하지 않은가? 그렇다면 두 단계에 걸친 경험이나 안수와 같은 형식은 오늘날 성령을 받는 표준이 아님이 분명하다.[6]

어떤 은사주의자들은 표준에 대한 이러한 논증을 받아들이면서도 반론을 제기한다. 그들은 "사마리아인들의 경험이 비정상적이라는 점은 인정하지만, 그러한 비정상적인 현상이 오늘날에도 반복될 수는 없단 말인가?"라고 묻는다. 이 질문에 대한 우리의 답변은 사마리아인들의 비정상적인 경험의 이유를 어떻게 이해하느냐에 달려 있다고 생각한다. 만일 그들이 처음에 성령을 받지 못한 것은 복음을 제대로 이해하지 못했거나 또는 복음에 바로 반응하지 않은 그들 자신의 불찰 때문이었다고 말한다면, 오늘날에도 그와 비슷하게 부족한 반응은 마찬가지로 부족한 입문의 경험을 초래할 것이라고 말할 수도 있을 것이다. 그러나 나는 그러한 해석이 가능하다고 생각하지 않는다. 적어도 누가의 서술에는 빌립이 제대로 가르치지 못했거나 사마리아인들이 제대로 믿지 못했기 때문에, 사도들이 빌립의 가르침을 보충했거나 사마리아인들의 이해

---

6 성공회의 '견진성사'(confirmation)는 잉글랜드 성공회가 (대체로 유아 때) 세례를 받았고 회개하고 믿은 자들을 교회의 정식 회원으로 받아들이기 위해 택한 방법이다. 안수는 복을 빌어 주는 성경적인 표지처럼 보이나, 성령이 주어지거나 또는 성령을 받는 정상적인 수단은 아니다. 1662년의 공동 기도서(The Book of Common Prayer)는 하나님이, 회중들의 기도와 함께 안수라는 표지를 사용해서 후보자들에게 그들을 향하신 그분의 은혜를 '확증'하시고 또 성령으로 그들을 '강하게' 하신다는 것 외에는 다른 것을 암시하고 있지 않다.

를 증진시켰다고 볼 만한 어떤 표현도 찾을 수 없다. 그와 반대로, 사도들이 사마리아에 가게 된 것은 그들이 "하나님의 말씀을 받았다"는 바로 그 소식을 들었기 때문이다(14절). 사마리아인들이 들은 하나님의 말씀이나 그들이 그 말씀에 보인 반응 중 어느 것에도 문제가 있었던 것으로 보이지 않는다. 오히려 앞에서 설명한 바와 같이 성령이 아직 주어지지 않았던 이유는 역사적 상황 때문이었던 것으로 보인다. 그리고 이 역사적 상황은 일회적인 사건이어서 반복될 수 없기 때문에(유대인-사마리아인 사이의 알력은 전 세계적인 기독교 선교에 의해 사라진 지 이미 오래다), 비정상적으로 성령을 받은 사마리아인들의 경험이 어떻게 오늘날에도 적용될 수 있는 선례가 될 수 있는지 이해할 수 없다.

에베소의 제자들

두 번째 예외적인 사건은 사도행전 19:1-7에 묘사되어 있다. 바울은 그의 유명한 선교 여행 중 3차 여행을 시작한 후 에베소에 이르렀다. 거기서 그는 일단의 사람들을 만나게 되는데, 누가가 그들을 묘사한 내용을 보면 그들은 전혀 그리스도인이 아니었던 것 같다는 인상을 받게 된다. 누가가 그들을 "제자들"(1절)이라고 부르는 것은 사실이다. 그러나 이 표현은, 마술사 시몬도 '믿었다'(8:13)고 기록된 것처럼, 그들이 **그렇게 고백하는** 제자들이었다는 것을 의미할 뿐이다. 그리고 문맥을 볼 때 시몬은 단지 믿는다고 **고백했을** 뿐이었다. 19세기 프린스턴의 학자였던 찰스 하지(Charles Hodge)는, 성경의 다른 부분을 주석하면서 다음과 같이 썼다. "성경은 언제나 사람들에 대해 말할 때 그들의 고백에 따라 묘사한다. 믿음을 고백하는 자들은 신자라고 부르고, 그리스도를 고백하는 자들은 그리스도인이라고 부른다."[7] 바울은 그들에게 그들이 '믿었을' 때 성령을 받았느냐고 물었다(2절). 이것은 적어도, 그들이 신자라고 고백했음을 그가 알았다는 것을 보여 준다. 그러나 또한 이 질문은 그가 어떤 이유에서인지 그들의 믿음의 진실성을 의심했다는 것을 보여 준다. 그렇지 않다면 이런 질문을 할 필요가 없었을 것이다. 이미 우리가 살펴본 대로, 바울은 믿는 자들은 성령을 받는다고 일관되게 가르쳤다. 따라서 그가 이들의 신앙생활에서 뭔가 의심스러운 면을 발견했고 그 때문에 그들의 신앙 고백을 의심하게 된 것이 아니라면 어떻게 그런 질문을 할 수 있었겠는가?

그 후의 사건 전개는 그의 의심이 옳았음을 보여 준다. 우리는 다음과 같은 사실들을 주목하게 된다. (1) 성령을 받았느냐는 그의 질문에 그들은 단순히 "예"나 "아니요"로 답하지 않았고 또는 심지어 혼란스러워하며 "잘 모른다"라고도 대답하지 않았다. 오히려 그들은 "우리는 성령이 계심도 듣지 못하였노라"(2절)고 말했다! (2)

---

[7] Charles Hodge, *A Commentary on the Epistle to the Ephesians*, 1856 (London: Banner of Truth, 1964), p. 124.

그러자 바울은 즉시 그들의 세례에 관해 물었다(3절). 왜냐하면 물세례는 삼위 하나님의 이름으로 행하는 것이며(마 28:19), 따라서 그것은 이미 살펴본 대로 성령 세례를 표현한 것이기 때문이다. 따라서 그들이 성령에 관해 듣지도 못했다면 어떻게 그리스도인의 세례를 받을 수 있었겠는가? 바울이 옳았다. 그들은 세례를 받지 않았던 것이다. (3) 그들이 받은 것은 세례 요한의 세례로서, 이것은 아마도 그 당시 에베소를 방문했던 아볼로의 불충분한 가르침 때문이었을 것이다(18:24-26). 그래서 바울이 한 일은 무엇인가? 그는 더 높은 차원의, 혹은 더 충만한 가르침으로 나아가지 않았다. 오히려 그는 바로 처음으로, 즉 복음의 핵심으로 되돌아갔다. 그는 세례 요한이 말한 "내 뒤에 오시는 이", 즉 세례 요한이 그들에게 믿으라고 말한 그분이 바로 "예수"라고 설명했다(4절). (4) 그 후 바울은 그들에게 "주 예수의 이름으로" 세례를 베풀었고 그들 위에 안수했으며, 그 결과 눈에 보이고 귀에 들리는 증거인 어떤 표적들(방언과 예언)과 함께 "성령이 그들에게 임하[셨다]."

어떤 교사들은, 정상적인 그리스도인의 경험에서 성령의 선물 또는 세례는 회심에 뒤따르는 두 번째이자 후속적인 경험이라고 보는 자신들의 견해를 지지하는 데 이 이야기를 사용한다. 그러나 이 이야기를 결코 그러한 방식으로 사용해서는 안 된다. 물론 나는 바울이 그들에게 세례를 주었고, 그들 위에 안수했을 때 그들이 성령을 받았다는 것을 부인하지 않는다. 그러나 우리가 해야 할 질문은 "그들은 그 전에 그리스도인이었는가?" 하는 것이다. 우리는 그들이 어떤 의미에서 스스로 '제자'라고 고백하는 사람들이었음을 이미 보았다. 그러나 성령에 대해 들어 보지도 못했고 주 예수의 이름으로 세례를 받지도 않았으며 심지어는 예수를 믿는 것처럼 보이지도 않는 사람들을 진정한 그리스도의 제자로 보는 것이 과연 유지될 수 있는 견해이겠는가? 물론 그럴 수 없다. 만일 그들이 누군가의 제자였다고 한다면, 바로 아볼로와 세례 요한의 제자들이었다. 그러나 그들은 분명 회심한 그리스도인은 아니었다. 확실히 그들은 오늘날의 그리스도인 신자들의 전형으로 간주될 수 없다.

다른 강해자들은 사건의 순서, 즉 예수님에 대한 믿음, 예수님의 이름으로 받는 세례, 바울의 안수 그리고 성령의 강림이라는 순서에 주의를 환기시킨다. 그들은 성령이 이 에베소인들에게 강림하신 것은 그들이 믿은 후일 뿐 아니라 바울이 그들에게 세례를 베풀고 안수한 후였다는 점을 강조한다. 물론 그것은 사실이다. 그러나 나는 그 순서가 그다지 중요하다고 생각하지 않는다. 내가 중요하다고 생각하는 것은 그러한 네 가지 사건은 한 덩어리이며, 따라서 분리될 수 없다는 것이다. 그것들은 그리스도 안으로 들어가는 유일한 과정의 각각 다른 부분들이며, 이 입문(initiation)의 사건은 외적으로는 세례와 안수에 의해 그리고 내적으로는 믿음과 성령의 선물에 의해 일어난다.

세례라는 용어

지금까지 우리의 연구에서 나타난 것은, 그리고 사도행전 8장과 19장의 특별한 경우에 의해서도 부정되지 않았던 것은, 성령의 선물은 그리스도인의 **입문적인** 경험이기 때문에 또한 **보편적인** 경험이라는 점이다. 모든 그리스도인은 그리스도인의 삶을 시작할 때 성령을 받는다.

이 진리는 신약성경이 '성령의 **세례**'라는 표현을 '성령의 선물'과 동의어로 사용한다는 사실에 의해서, 또는 성령으로 '세례를 베푼다'고 하거나 '세례를 받는다'고 할 때 사용되는 동사(이 용어는 언제나 동사형으로 나타난다)와 동의어로 쓰인다는 사실에 의해서도 확증된다. '세례'라는 개념 자체가 입문을 의미한다. 물세례는 그리스도 안으로 들어가는 공적인 의식이다. 그것은 죄를 씻고(행 22:16) 성령을 받는 것을 가시적으로 보여 준다. 사도행전 2:38을 보면 구원의 이 두 측면이 모두 세례와 연결되어 있다. 물세례는 그 실체인 성령 세례의 상징이다. 그렇기 때문에 고넬료가 성령으로 세례를 받았을 때 베드로는 즉각 다음과 같이 반응하였던 것이다. "이 사람들이 우리와 같이 성령을 받았으니 누가 능히 물로 세례 베풂을 금하리오?"(행 10:47; 11:16) 만일 그들이 실체를 받았다면, 어떻게 그들에게 그 표지를 주는 것을 거부할 수 있겠는가? 이것은 또한 바울이 에베소의 '제자들'에게 두 번째로 던진 질문을 설명해 준다. 그들이 바울에게 성령이 있음도 듣지 못했다고 답하자, 그는 즉시 그들에게 무슨 세례를 받았느냐고 물었다. 두 사도 모두 이 두 세례를 분명히 결합하고 있다.

이뿐 아니라 고넬료가 성령으로 세례를 받은 것은 그가 그리스도 안으로 들어간 것, 곧 그의 회심이었음이 분명하다. 그는 하나님의 천사로부터 그와 그의 온 집이 '구원 얻을' 말씀을 전해 줄 시몬 베드로를 불러올 사람을 보내라는 지시를 들었다(11:14). 그리고 베드로는 그에게 복음을 전하면서, 예수님의 이름으로 말미암는 죄 사함의 약속으로 끝을 맺었다(10:43). 고넬료와 그의 온 집이 믿고(15:7) 성령과 물로 세례를 받은 후에, 그들은 "하나님의 말씀을 받았다"고 묘사되어 있다(11:1). 한편 (중요한 두 구절에서 볼 수 있듯이) 하나님은 "그들…에게도 생명 얻는 회개를 주셨[고]"(11:18), "믿음으로 그들의 마음을 깨끗이 하[셨다]"(15:9)고 성경은 말한다.

성령의 선물의 **입문적인** 성격에 대한 이러한 묘사는 우리가 이미 살펴본 대로, '세례'라는 용어가 시사하고 또 고넬료의 회심이 예증하듯이, 사도들의 전체적인 가르침과 전적으로 맥을 같이하고 있다. '성령 안에' 있는 것(바울의 용어로는 '그리스도 안에' 있는 것과 동일하다), 성령을 '가진 것' '성령으로 사는 것' 그리고 '성령의 인도를 받는 것' 등은 모든 그리스도인에게, 그들의 믿음의 성숙도와 관계없이, 그들이 새롭게 출생하는 바로 그 순간부터 똑같이 적용되는 표현들이다(롬 8:9; 갈 5:25; 롬 8:14). 신약성경의 저자들은 하나님이 독자들에게 성령을 '주신 것'을 당연하게 여기고 있으며(예. 롬 5:5; 살전 4:8; 요일 3:24; 4:13), 어느 한 곳에서도 그들에게 성령을 받으라고 권면한 적이 없다.

고린도전서 12:13

'성령으로 세례를 받는 것'이 입문적 경험이라는 점을 확증해 주는 또 다른 근거는 이 표현이 나타나는 일곱 구절에 대한 비교 연구에서, 특별히 복음서와 사도행전 이외의 본문에 등장하는 유일한 구절에 대한 연구에서 찾아볼 수 있다.

이 표현이 처음 사용된 네 구절은 세례 요한이 주 예수님의 사역을 묘사한 다음과 같은 예언에 나타난다. '그는 성령으로 너희에게 세례를 주실 것이다'(마 3:11; 막 1:8; 눅 3:16; 요 1:33). 다섯 번째 구절은 우리 주님이 요한의 예언을 인용하신 것인데, 그분은 그 예언을 오순절 사건에 적용하신다. "너희는 몇 날이 못 되어 성령으로 세례를 받으리라"(행 1:5). 여섯 번째 구절은 주님이 요한의 예언을 인용하신 것을 사도 베드로가 인용한 것인데, 그는 그것을 우리가 지금까지 살펴본 고넬료의 회심에 적용한다. 그는 예루살렘의 사도들과 다른 이들에게 다음과 같이 말한다. "내가 주의 말씀에 요한은 물로 세례를 베풀었으나 너희는 성령으로 세례를 받으리라 하신 것이 생각났노라"(행 11:16).

이 표현이 나타나는 일곱 번째 구절이자 복음서와 사도행전 이외의 유일한 본문은 고린도전서 12:13이다. 여기서 바울은 다음과 같이 쓰고 있다. "우리가 유대인이나 헬라인이나 종이나 자유인이나 다 한 성령으로 세례를 받아 한 몸이 되었고 또 다 한 성령을 마시게 하셨느니라." 이 말씀은 오순절 사건만을 가리키는 것이 아니다. 왜냐하면 바울도 고린도 교인들도 다 그 사건을 경험하지 못했기 때문이다. 그러나 그도 그들도 다 그 사건으로 가능하게 된 축복에 참여하게 되었다. 그들은 성령을 받았다. 또는 바울의 표현을 빌리자면 그들은 성령으로 '세례를 받았고' 성령을 '마셨다.'

이 구절을 대할 때 즉시 우리 눈에 띄는 것은 '다'라는 단어가 반복해서 강조되어 사용되었다는 점("**다** 세례를 받았고" "**다** 마시게 하셨느니라")과 그와 비슷하게, 그러나 의도적으로 대조를 이루면서, '한'이라는 단어도 반복해서 강조되어 사용되었다는 점이다("**한** 성령으로" "**한** 몸이" "**한** 성령을"). 이러한 사실은 문맥에 잘 부합된다. 사도가 고린도전서 12장에서 의도하는 것은, 그 장의 후반부에서 은사의 **다양성**을 보여 주기 전에, 서두에서 영적 은사의 수여자이신 성령의 **통일성**을 강조하는 것이다. 그는 그리스도인으로서 우리가 성령에 대해 공통적으로 경험하는 것을 강조하고 있다. 이것은 '성령의 선물'(성령 자신을 의미함)과 '성령의 은사들'(그분이 나눠 주시는 영적 은사들을 의미함) 사이의 차이점이다.

이 장의 전반부에서 바울은 (문자적으로) "한 성령"이라는 표현을 세 번(9b, 13a, 13b절) 썼고, "같은 성령"이라는 표현도 세 번(4, 8, 9a절) 썼으며, "같은 한 성령"(11절)이라는 표현을 한 번 썼다. 이것이 그의 강조점이다. 그의 최고 강조점은 13절에 나타난다. "우리가 다 한 성령으로 세례를 받아 한 몸이 되었고 또 다 한 성령을 마시게 하셨느니라." 따라서 이 절에 나오는 성령의 세례는, 나누는 요인(어떤 이들은 갖고 있고, 다른 이들은 갖고 있지 않음으로 인해 생기는)이 되는 것과는 거리가 먼, 하나 되게 하는 위대한 요인이 되고 있다(우리 모두가 갖고 있는 경험이므로). 그것은 실상 그리스도의 몸에 들어가는 수단이다. 그리고 바울이 유대인과 헬라인, 종과 자유인을 언급한 것은 인종이나 계층에 관계없이 '모든 육체'를 가리킨 요엘의 예언을 암시하는 것일 수도 있다. 몸의 하나 됨은 성령의 하나 됨에서 비롯되며, 그것은 바로 바울이 에베소서 4:4에서 "몸이 하나요 성령도 한 분이시니"라고 말한 것과 같다. 이로 보건대 성령의 세례는 일부 그리스도인들이 누리는 두 번째이자 후속적인 경험이 아니라 모든 그리스도인이 누리는 입문적인 경험이라는 결론을 부인하기 어렵다.

하지만 어떤 이들은 이러한 결론을 받아들이지 않고, 미묘한 해석상의 차이점을 지적한다. 그들은, 다른 여섯 구절은 예수님이 성령으로(in 또는 with) 베푸시는 세례를 가리키는 반면, 이 일곱 번째 구절(고전 12:13)은 우리가 그리스도의 몸 안으로 들어가도록 성령이 베푸시는 세례로서, 따라서 전혀 별개의 것이라고 논증한다.

그들은 "성령은 우리 모두에게 그리스도의 몸 안으로 들어가는 세례를 베푸셨다. 그러나 이 말이 그리스도께서 우리 모두에게 성령으로 세례를 베푸셨다는 것을 증명하지는 않는다"라고 말한다. 나에게는 이러한 논증이 유별난 변명의 한 예로 보인다. 헬라어 원문은 이 일곱 구절에서 모두 정확하게 같은 표현을 쓰고 있다.[8] 따라서 건전한 해석학적 원리를 따른다면, 이 표현은 각 구절에서 같은 세례의 경험을 가리킨다고 보는 것이 당연하다. 증명의 책임은 그러한 결론을 부인하는 자들에게 있다. 바울은 여기서, 처음에 예수님이 그렇게 하셨고 그 후에 베드로가 그렇게 했던 것처럼(행 1:5; 11:16), 세례 요한의 말을 반복하고 있다고 보는 것이 자연스러운 해석일 것이다. 여섯 구절에서는 예수 그리스도를 세례자로 보고 일곱 번째 구절에서는 성령을 세례자로 보는 것은 부자연스러운 해석이다. 나는, 고린도전서 12:13을 "한 성령에 의해(by) 우리가 다 세례를 받았다"라고 번역한 RSV의 번역조차도 거부해야 한다고 생각한다. 이 구절에 나오는 헬라어 전치사는 다른 여섯 구절에 나오는 것과 마찬가지로 '엔'(en)이다. 이 전치사가 그 구절들에서는 '…로'(with)라고 번역되었다. 그런데 왜 여기서만 다르게 번역되어야 하는가? 만일 '엔 헤니 프뉴마티'[en heni pneumati: RSV가 "한 성령에 의해"(by one Spirit)로 번역함]라는 말이 문장의 맨 앞에 나왔기 때문

---

8 유일한 차이는 여섯 번은 성령(the Spirit)이 '거룩하신 분'으로 묘사된 반면, 일곱 번째 구절에서는 '한 분'으로 묘사되었다는 것이다.

이라면, 그 이유는 성령이 세례자이기 때문이 아니라 우리가 다 함께 소유한 성령의 하나 됨을 강조하기 위해서임이 분명하다.

나의 주장을 좀 더 자세히 설명해 보겠다. 모든 종류의 세례(물, 피, 불, 성령 등)에는 네 부분이 있다. 먼저 지적할 수 있는 것은 주체와 객체, 즉 세례자와 세례받는 자가 있다는 것이다. 셋째로 그것을 가지고(en) 세례를 집행하는 요소가 있어야 하고, 넷째로 그것을 위해(eis) 세례를 베푸는 어떤 목적이 있어야 한다. 예를 들어, 사도 바울이 세례의 한 종류로 설명한 홍해를 건너는 사건을 생각해 보자(고전 10:1-2). 여기서는 아마도 하나님 자신이 세례자이셨을 것이다. 그리고 도망치는 이스라엘 백성들이 세례받는 자들이었음이 분명하다. 또 세례를 집행하는 데 사용된 요소는 구름과 바다에서 나온 물 또는 물보라였고, 세례의 목적은 "모세에게 속하여"라는 표현이 보여 주듯이 그들이 하나님이 세우신 지도자인 모세와의 관계로 들어가는 것이었다.

요한의 세례에서는, 세례 요한이 주체였고, 객체는 "예루살렘과 온 유대와 요단강 사방에서" 그에게 나아온 사람들이었다(마 3:5). 요단강 물로(en), 회개(마 3:11) 그리고 그로 말미암은 죄 사함(막 1:4; 눅 3:3)을 위해(eis) 세례를 베풀었다.

기독교의 세례도 이와 비슷하다. 목사는 신앙을 고백하는 신자에게 물로(en) 세례를 베푼다. 그리고 그 세례는 삼위 하나님의 이름(마 28:19)으로(into), 또는 좀 더 정확하게는 주 예수의 이름(행 8:16;

19:5)으로(eis) 이루어진다. 다시 말해서 그것은 십자가에 못 박히시고 다시 살아나신 그리스도로(into) 세례를 받는 것이다(롬 6:3-4).

이러한 예들을 살펴볼 때, 모든 종류의 세례에는 주체와 객체뿐 아니라 '엔'(en)과 '에이스'(eis), 즉 세례를 베푸는 데 쓰이는 요소와 세례를 베푸는 목적이 있다. 성령의 세례도 예외가 아니다. 성령 세례와 관련된 일곱 구절을 모두 종합해 본다면, 우리는 세례 요한이 분명하게 예언했듯이 예수 그리스도가 세례자이심을 알게 된다. 고린도전서 12:13에 의하면 세례받는 자는 '우리 모두'다. 성령 자신은 세례가 집행되는 데 사용되는(en) '요소'이시다(만일 우리가 삼위 하나님의 제3위격을 그렇게 묘사해도 된다면. 물세례와 성령 세례 사이의 유추를 생각해 볼 때 이런 용법은 이치에 맞는 것으로 보인다). 그리고 이 세례의 목적은 '한 몸으로(eis)', 즉 그리스도의 몸, 교회로의 병합이다.

세례의 이러한 네 가지 측면 중에서 우리가 다룬 일곱 구절에 분명하게 공통적으로 나타나는 유일한 것은 이 세례가 '성령으로(en)' 이루어진다는 것이다. 모든 구절이 '요소'는 언급하고 있지만 세례의 주체나 객체 또는 목적을 분명하게 밝히고 있는 것은 아니다. 하지만 물세례에 대한 신약성경의 구절들에도 이와 비슷한 생략 현상이 있다는 점을 생각할 때 이것은 별로 놀랄 일이 아니다. 때때로 고린도전서 12:13에서 성령이 세례자여야 한다고 논증하는 자들이 있다. 왜냐하면 그렇지 않을 경우 이 세례에는 주체가 나타나지 않기 때문이라는 것이다. 그러나 사도행전 1:5이나 11:16에도 세례자는 언급되어 있지 않지만, 우리는 그 구절들에서 예수 그리스도를 세례자로 보는 데 어려움을 느끼지 않는다. 그렇다면 왜 고린도전서 12:13에서는 그와 같은 해석을 할 수 없단 말인가? 이 세 구절에서 예수 그리스도가 세례자로 분명히 명기되어 있지 않은 이유를 찾는 것은 그리 어려운 일이 아니다. 사복음서에서는 동사가 능동태일 경우 그리스도가 주어인 반면('그가 세례를 주실 것이다' '이분이 세례를 베푸시는 분이시다'), 이 세 구절에서는 동사가 수동태로 되어 있으며 세례를 받는 자들이 주어로 되어 있다('너희가 세례를 받을 것이다' '우리는 모두 세례를 받았다'). 능동태 동사는 요한과 예수님을 두 세례자로 대조시킨다. 그러나 동사가 수동태일 경우 세례자의 신원은 사라지는 반면, 세례의 수혜자들이나 세례 집행의 요소가 되는 성령이 강조된다. 그러므로 나는 고린도전서 12:13에서 비록 이름이 나오진 않지만 예수 그리스도를 세례자로 간주해야 한다고 다시 한번 단언한다.

이러한 논증은 부분적으로는 같은 표현이 나오는 다른 여섯 구절에 근거하고 있고, 또 부분적으로는 다른 해석이 불가능하다는 사실에 근거하고 있다. 만일 고린도전서 12:13이 다른 구절들과 다르고 또 이 구절에서는 성령 자신이 세례자로 나타난다면, 그분이 사용해서서 세례를 베푸시는 '요소'는 무엇이란 말인가? 이 질문에 답이 없다는 사실이야말로 그러한 해석을 뒤엎기에 충분한 것으로 보인다. 왜냐하면 세례의 은유에서는 절대적으로 '요소가 필요하기 때문이다. 그렇지 않다면 그 세례는 세례가 아니다. 그러므로 고린도전서 12:13에 나오는 세례의 '요소'는 성령이 분명하며, 우리는 (다른 구절들과 일관되게) 예수 그리스도를 세례자로 여겨야 한다. 이와 비슷하게, 이 구절의 마지막 부분에서 우리가 마시는 것은 성령이며(요 7:37과 일관되게), 우리가 그분을 '마시게 된 것'은 그리스도로 말미암은 것이 분명하다.

우리는 지금까지 고린도전서 12:13이 그리스도께서 성령으로 세례를 베푸시며 또 우리에게 성령을 마시게 하신 분이심을 보여 준다는 것을 밝혔다. 이제 우리는 '우리 모두'이 세례와 이 마심에 동참하고 있다는 사실에 주목해야 한다. 세례받는 것과 마시는 것은 분명 동일한 표현이다. 모든 그리스도인은 이 두 가지를 다 경험했다. 더욱이, 두 동사가 모두 부정과거형(aorist)으로 되어 있다는 점('세례…받았다' '마시게 되었다')은 단지 오순절 사건을 가리킬 뿐 아니라 모든 그리스도인이 회심 때에 개인적으로 받는 그 축복을 가리키고 있는 것으로 보아야 한다.

결론

내가 지금까지 신약성경의 전체적인 가르침에서, 특별히 사도행전 2장에 있는 베드로의 설교와 고린도전서 12:13에 나오는 바울의 가르침에서 찾고자 했던 증거는, 성령의 '세례'는 성령의 '선물'과 같은 것으로서, 그것은 새 언약의 독특한 축복 중 하나이며 또한 **입문적인** 축복이기 때문에 그 언약에 참여하는 모든 자에게 주어지는 **보편적인** 축복이라는 것이었다. 그것은 새 시대에 소속된다는 것의 본질적인 부분이다. 새 언약의 중보이시며 그 복의 수여자이신 주 예수님은 그분의 언약에 들어오는 모든 자에게 죄 사함과 성령의 선물을 둘 다 주신다. 더 나아가 물세례는 죄 사함을 보여 주는 표지와 보증이면서 동시에 성령 세례의 표지와 보증이다. 물세례는 그리스도인이 되는 입문적인 의식인데, 그것은 성령 세례가 그리스도인의 입문적인 경험이기 때문이다. 그렇다면 회심 후에 그 어떤 경험들이 있다 하더라도(나는 그것들을 뒤에서 다루려고 한다), '성령으로 받는 세례'(baptism with the Spirit)는 그런 경험들을 가리키는 바른 표현이 될 수 없다.

하나님의 목적은 그분의 모든 백성이 죄 사함과 성령의 선물이라는 새 언약의 축복을 모두 받는 것이며, 그러한 축복의 표지요 인침으로서 물세례를 받는 것이다. 그 후에 그들은 계속해서 성령의 충만을 받고 그 충만을 거룩한 삶과 담대한 증거를 통해 드러내야 한다. 히브리서는 모든 그리스도인들을 "성령에 참여한 바 되고" "내세의 능력을 맛[본]" 자들이라고 묘사한다(6:4-5). 신약성경에 의하면 온전한 그리스도인의 삶은 성령으로 말미암은 거듭남에 이어 성령 안에서 사는 삶이다.

더욱이, 신약성경 서신서들의 압도적인 강조점은 그리스도인 독자들에게 어떤 전적으로 새롭고 독특한 축복을 권하는 것이 아니라, 은혜로 우리가 이미 어떠한 자가 되었는지를 상기시키고, 그 신분으로 우리를 다시 부르며 그에 따라 살도록 권하는 것이다. 이것은 아주 중요하면서도 충분히 파악되지 않고 있는 점이다. 어떤 그리스도인들의 시야는 그들이 '성령 안에서의 세례'(baptism in the Spirit)라고 부르는 두 번째이자 후속적인 경험에 제한되어 있는 듯이 보인다. 그들과 대화를 나눌 때 만일 당신에게 그 경험이 있다고 생각하면, 그들은 과거 자신의 경험을 되돌아볼 것이고 이를 통해 당신과 그들은 하나가 될 것이다. 반면에 만일 당신에게 그런 경험이 없다고 생각하면, 그들은 이 경험을 갈망했던 자신을 생각하며 당신이 그런 경험을 하게 되길 간절히 갈망할 것이다. 따라서 그들이 과거를 바라보든 미래를 바라보든 간에 그들의 시야를 가득 채우고 있는 것은 두 번째 경험으로서의 '성령의 세례'(the baptism of the Spirit)다. 그러나 나는 그런 관점은 **결코** 신약성경 저자의 관점이 아니라고 말해야만 하겠다. 어떤 반박도 무섭지 않다. 신약성경의 저자들은 뒤를 돌아보면서 하나님이 우리를 그리스도 안에 두시고, 우리를 의롭다 칭하시고, 구속하시고, 중생시키시고, 재창조하셨을 때 행하신 그 위대한 행동을 회상한다. 그들은 끊임없이 그 구원의 행동을 기억할 것을 호소한다. 그리고 그들은 앞을 내다보면서 독자들의 성숙을 향한 성장과, 그것을 넘어서, 구세주가 다시 오실 때 이루어질 그 온전함을 바라본다.

예를 들면, 사도 요한이 그의 첫 번째 서신에서 거룩함의 필요성과 가능성을 다룰 때, 그는 그것을 무엇과 연관시키는가? 그는 그것을 독자들이 이미 받았거나 또는 받아야 할 어떤 특별한 '성령의 세례'와 연관시키지 않고, 그들이 본래 하나님으로부터 났다는 사실과 그리스도 안에 거해야 할 의무와 연관시킨다. 그래서 그는, "하나님께로부터 난 자마다 죄를 짓지[또는 행하지] 아니하나니…범죄하지[계속 죄에 거하지] 못하는 것은 하나님께로부터 났[기]" 때문이며, 또 "하나님께로부터 난 자는 다 범죄하지[계속해서 죄를 짓지] 아니하는 줄을 우리가 [안다]"(요일 3:9; 5:18)고 말했던 것이다.

그렇다면 사도들은 무엇을 내다보았는가? 그들은 우리에게 윤리적으로 행할 것을, 종종 아주 자세한 지침을 통해서 권면한다. 그들은 우리에게 하나님이 그리스도 안에서 우리를 위해 이미 행하신 것을 우리가 일상생활의 구체적인 현실 속에서 살아 내야 한다고 호소한다. 그들은 우리에게 믿음, 사랑, 지식, 거룩함에서 자라날 것을 명한다. 그들은 우리에게 심판을 경고하며, 주님의 재림에 대한 기대를 일깨움으로써 우리에게 도전한다. 그런가 하면 그들은 우리에게 성령을 근심시키지 말고 오히려 성령 안에서 행하며, 우리가 다음 장에서 살펴보려고 하는 것처럼, 계속해서 성령의 충만을 받을 것을 당부한다. 그러나 그들은 결코 단 한 번도 우리에게 "성령으로 세례를 받으라"고 권하거나 가르친 적이 없다. 이러한 현상에 대해서는 오로지 한 가지 설명만이 가능하다. 즉, 그들은 그리스도인들에게 편지를 쓰고 있으며, 그리스도인들은 이미 성령으로 세례를 받은 자들이라는 것이다.

이것은 단지 말에 대한 것이 아니라 교리에 대한 논증이다. 여기에 관련되어 있는 근본적인 진리는, 하나님은 우리를 그리스도와 연합시키심으로써 우리에게 모든 것을 주셨다는 것이다. 우리는 이미 말로 다할 수 없는 하나님의 은혜로 인해 그리스도 안에서 하늘에 속한 모든 신령한 복을 받았으며(엡 1:3), 따라서 이제는 그리스도 안에서 이미 우리의 것이 된 이러한 축복들이 계속해서 그리고 점진적으로 우리의 삶에 드러나도록 해야 한다.

마찬가지로, "그[리스도] 안에는 신성의 모든 충만이 육체로 거하시[기]" 때문에, 만일 우리가 그리스도 안에 있다면 우리는 '그 안에서 이미 생명으로 충만해진 것이다'(골 2:9-10). 만일 하나님이 우리에게 주 예수 그리스도를 그분의 충만함 가운데 주셨다면, 그리고 만일 그리스도가 그분의 성령으로 이미 우리 안에 거하신다면, 하나님이 무엇을 더 보태실 수 있겠는가? 뭔가 다른 선물이 더 필요하다는 생각이야말로 예수님의 충만하심과 만족하게 하심을 폄하하는 것이 아니겠는가? 그리스도 안에서의 성장에 대해서는 "아멘!"이라고 답해야 한다. 하지만 그리스도에 무엇인가를 첨가하는 것에 대해서는 "아니요!"라고 답해야 한다. 우리는 하나님에게서 났고, 따라서 그분의 자녀요 후사이며, 그리스도와 함께 죽었고 다시 살아났으며, 우리의 몸은 성령이 거하시는 성전이다(고전

6:19). 우리 안에 거하시는 이 성령은 하늘에서 우리가 누리게 될 영원한 기업의 보증이요 첫 열매이시다. 신약성경의 저자들은 계속해서 그리스도인으로서의 우리의 특권을 상기시킴으로써 가치 있고 합당한 삶을 살도록 우리를 권면한다. 우리가 마땅히 되어야 할 모습(그의 깨끗하심같이 깨끗해지는 것)을 소망하는 이유는, 이미 그리스도 안에 있는 우리 모습(주의 자녀) 때문이며 앞으로 변할 모습(그와 같이) 때문이다. 요한1서 3:1-3을 보라.

2장

성령의 충만

1장에서 나는 성령의 '선물' 또는 '세례'라는 표현의 의미를 설명하는 데 주력했다. 그리고 이 둘은 한 가지로서 같은 것이라는 것과, (중생 이후에 받게 되는) 뒤따라오는 축복이 아니라 (그리스도인의 삶을 시작할 때 받는) **입문적인** 축복이며, 따라서 (일부 사람들만 누리는) 어떤 비밀스런 것이 아니라 (모든 그리스도인에게 주어지는) **보편적 축복**이라는 것을 보여 주는 강력한 성경의 증거를 요약하고자 했다.

어떤 독자들에게는 이러한 시도가 불필요하게 소극적인 접근으로서 아무 효과도 없는 것으로 비칠 수 있다. 왜냐하면 그것은 단지 과거의 경험으로 되돌아갈 뿐, 앞으로의 그리스도인의 삶을 위한 흥미진진한 전망은 전혀 제시하지 못하는 것처럼 보이기 때문이다. 그러나 그렇지 않다. 이제 우리는 성령의 '세례'에서 성령의 '충만'으로 주의를 돌림으로써, 하나님이 그분의 모든 자녀에게 주셨고 결코 빼앗지 않으시는 입문적인 선물에서, 그분은 지속되기를 의도하시지만 때로 동요될 수도 있는 어떤 상태로 우리의 논의를 옮기려고 한다. 우리가 성령의 세례를 말할 때 그것은 단회적인 선물을 가리킨다. 그러나 성령의 충만을 말할 때 우리는 이 선물이 **지속적이며 갈수록 더 많이 충당돼야 하는 것**임을 인정하고 있는 것이다.

'세례'와 '충만'의 차이점

나는 지금 내가 이전에 보여 주고자 했던 것을 더 자세히 설명하려고 한다. 오순절에 일어난 일은 예수님이 하늘로부터 성령을 '부어 주신' 것으로서, 처음에는 120명을, 그리고 나중에는 3,000명을 성령으로 '세례 주신' 사건이다. 이 성령 세례의 결과로 "그들이 다 성령의 충만함을 받[았다]"(행 2:4). 따라서 성령의 충만은 성령 세례의 결과였다. 세례는 예수님이 행하신 일이고(하늘로부터 성령을 부어 주심으로써), 충만은 그들이 받은 것이었다. 세례는 독특한 입문적인 경험이었고, 충만은 계속되는 영구적인 결과로서 그리스도인의 삶의 표준이 되도록 의도된 것이었다. 입문의 경험으로서 세례는 반복될 수도, 잃어버릴 수도 없는 것이지만, 충만은 반복될 수 있을 뿐 아니라 어떤 경우에든 유지되어야 할 필요가 있는 것이다. 그것은 제대로 유지하지 않으면 잃어버리게 되고, 잃어버렸다가도 다시 찾을 수 있다. 성령은 우리의 죄로 인해 '근심하기도' 하시고

(엡 4:30), 죄인을 충만하게 채우시는 일을 그치기도 하신다. 그럴 때 성령의 충만을 회복하는 유일한 길은 회개다. 그뿐 아니라 초기 그리스도인들이 죄로 인해 충만을 잃어버렸다는 암시가 없는 경우에도, 새로운 위기나 도전으로 인해 권능을 주시는 성령의 역사가 새롭게 필요하게 되었을 때 그들이 다시금 충만함을 받았다는 것을 우리는 읽을 수 있다.

신약성경에서 사람들이 성령으로 '채우심을 받았다'라거나 성령으로 '충만했다'라고 말하는 다양한 본문들을 비교해 보면, 그것들을 세 부류로 분류할 수 있다. 첫째, '충만하다'라거나 '채우심을 받았다'라는 것은 모든 헌신된 그리스도인의 정상적인 특징이었음을 알 수 있다. 따라서 예루살렘의 과부들을 돌보는 일을 위해 따로 택함을 받은 일곱 사람들은 '칭찬 받고' '지혜가 충만하고' '믿음이 충만할' 뿐 아니라, '성령으로 충만해야' 했다(행 6:3, 5). 나는 그들의 "지혜"와 "믿음"은 특별한 영적 은사였을 수도 있다고 생각한다. 그러나 칭찬을 받는 것은 그리스도인들에게 보기 드문 일이었다고 할 수는 없을 것이다. 그리고 또한 그들이 성령으로 충만했다는 것도 마찬가지라고 생각한다. 이와 비슷하게 바나바도 "착한 사람이요 성령과 믿음이 충만한 사람"이었다고 묘사되고 있고(행 11:24), 이제 갓 믿게 된 비시디아 안디옥의 제자들도 "기쁨과 성령이 충만[했다]"(행 13:52). 이 구절들은 그리스도인의 정상적인 모습을 나타내거나, 그렇지 않다면 적어도 하나님이 그리스도인의 정상적인 모습으로 의도하신 것을 나타낸다고 보인다.

둘째, 이 표현은 어떤 특정한 사역이나 직책을 위해 하나님이 내려 주신 것을 가리킨다. 따라서 세례 요한은 선지자의 사역을 위한 준비로서 "모태로부터 성령의 충만함을 받[게]" 될 것이었다(눅 1:15-16). 또한 아나니아가 다소의 사울에게 '그가 성령으로 충만하게 될 것'이라고 말한 것도 그가 사도로 임명되었다는 것을 가리키는 것이었다(행 9:17; 참조. 22:12-15과 26:16-23).

셋째, 때때로 성령의 충만은 일생 동안 지속되는 직분(예를 들면, 사도나 선지자처럼)을 위해서가 아니라 즉각적으로 감당해야 할 일이나 또는 어떤 위기 상황에 준비시키기 위해서 주어졌다. 사가랴는 예언하기 전에 성령의 충만함을 입었다(그의 직분은 선지자가 아니라 제사장이었다. 그의 아내 엘리사벳의 경우도 마찬가지였다. 참조. 눅 1:5-8, 41, 67). 마찬가지로 베드로도 산헤드린 앞에서 말하기 전에 성령으로 충만하였고, 예루살렘에 거주하던 그리스도인들도 다가오는 핍박을 무릅쓰고 말씀의 사역을 계속하기 전에 성령으로 충만하였다. 또 스데반은 순교당하기 전에 성령으로 충만하였고, 바울은 마술사 엘루마를 꾸짖기 전에 성령으로 충만했다. 이 모든 사람이 '성령으로 충만했다'고 나와 있는데, 그것은 당면한 일을 책임 있게 감당하도록 그들에게 능력을 더하기 위함이었던 것이 분명하다(행 4:8, 31; 7:55; 13:9).

이러한 고찰을 통해 우리는 누가가 그의 복음서 4장에서 주님의 공적 사역의 시작과 관련해서 성령을 사중적으로 언급한 흥미로운 점을 주목하게 된다. 주님이 성령의 충만함을 경험하신 것은 이 세 가지 범주에 전부 해당된다. 우리는 예수님이 "성령의 충만함을 입[고]" 요단강에서 돌아오셨다는 이야기를 들으면서, 이것이 그분의 변함없는 영적 상태를 나타내는 것이라고 자연스럽게 결론을 내리게 된다. 그리고 주님에 대한 이러한 묘사는, 성령이 그분을 메시아로서의 사역을 위해 '기름 붓고' 준비시키기 위해 그 위에 임하신 사건인 세례(4:14, 18)에 바로 뒤이어 나오고 있다. 셋째로, 예수님이 시험받으신 이야기가 성령에 대한 언급으로 시작하고 끝나는 것을 볼 때(4:1, "성령에게 이끌리시며"와 4:14, "성령의 능력으로"), 주님은 바로 그 위기를 위해 특별히 성령으로 강건해지셨던 것을 알 수 있다.

성령으로 충만함을 받은 사람들, 즉 지속적인 경험으로나 특별한 목적을 위해 충만함을 받은 사람들에 대한 이러한 다양한 묘사에 더하여, 에베소서 5:18은 모든 그리스도인에게 충만해지라는, 즉 계속해서 성령으로 충만함을 받으라(지속적인 행동을 뜻하는 현재 진행명령형)는 잘 알려진 명령을 담고 있다. 우리는 이 본문을 나중에 더 자세하게 공부할 것이다.

신약성경에는 성령의 세례에 관해서 이와 비슷한 서술문이나 명령은 나오지 않는다. 그 이유는 바로 성령 세례의 입문적인 성격에 있다고 나는 제안했다. 사도들의 설교나 서신에도 성령으로 세례를 받으라는 권면은 나오지 않는다. 사실상, 성령의 세례와 관련된 신약성경의 일곱 구절은 모두, 부정과거형이거나 현재형 또는 미래형의 직설법으로 되어 있으며, 명령형으로 된 권면은 하나도 없다. 하지만 성령의 충만과 관련된 이러한 구절들, 즉 어떤 그리스도인들이 어떻게 다시 충만해졌는지를 묘사하는 구절들과 또 모든 그리스도인에게 계속 충만함을 받으라고 명령하는 이런 구절들이 있다는 사실은, 성령으로 세례를 받은 그리스도인들이 성령의 충만함을 잃어버리는 것이 가능하며 또 애석하게도 그것이 흔한 일이라는 것을 보여 준다.

고린도의 그리스도인들은 이러한 점에서 우리에게 엄숙한 경고가 되고 있다. 그들에게 보낸 바울의 첫 번째 서신에서 우리는 그들이 모두 성령으로 세례를 받았다는 것을 분명히 알 수 있다(12:13). 그들은 또한 모든 신령한 은사들을 넘치게 받았다(1:4-7). 그런데도 사도는 그들을 신령하지 않은 자들이라고, 즉 성령으로 충만하지 않다고 책망한다. 그는 성령 충만의 증거는 성령의 은사들(그들이 풍성하게 소유하고 있던 것)을 발휘하는 것이 아니라, 성령의 열매가 익어 가는 것(그들에게 거의 나타나지 않았던 것)임을 분명히 밝힌다. 우리는 다음 장에서 '성령의 열매'가 무엇을 뜻하는지를 살펴볼 것이다. 바울은, 자신이 고린도 교인들을 '프뉴마티코이'(*pneumatikoi*) 즉 '신령한' 그리스도인들로 대할 수 없고, '사르키노이'(*sarkinoi*) 또는 '사르키코이'(*sarkikoi*), 즉 '육에 속한' 그리스도인들로, 심지어는 그리스도 안의 갓난아이들로 대할 수밖에 없다고 쓰고 있다. 육에 속한 그들의 모습 또는 미성숙함은 지적인 면과 도덕적인 면에서 나타난다. 그와 같은 모습은 한편으로는 그들의 유치한 이해력에서 나타나고, 다른 한편으로는 그들의 투기와 분쟁에서 나타난다(고전 3:1-4). 그들은 성령으로 **세례를** 받았고, 성령의 **은사를** 넘치게 받았지만, 성령으로 **충만했던** 것은 아니었다(적어도 바울이 그들을 방문했을 때와 이 서신을 쓸 때는 그랬다). 우리는, 사도가 성령의 세례를 받은 자와 그렇지 못한 자를 구분하는 것이 아니라 '신령한' 그리스도인들과 '육에 속한' 그리스도인들, 즉 성령으로 충만한 그리스도인들과 육신의 지배를 받는 그리스도인들을 구분하는 것을 주목하게 된다. 고린도 교인들의 이 같은 상태는 오늘날 우리 가운데 많은 사람들의 상태가 아닌가? 우리는, 성경에 근거해서, 우리가 회개하고 믿었기 때문에 성령으로 세례를 받았다는 것과 우리가 받은 물세례는 우리가 받은 성령 세례를 상징하고 인치는 것임을 부인해서는 안 된다. 그러나 우리는 성령으로 충만한가? 바로 이것이 우리가 던져야 할 질문이다.

많은 사람들은 이 질문에 대답할 수 없을 것이다. 그들은 자신이 성령으로 충만한지 그렇지 않은지도 모르고, 또 그것을 어떻게 분간할 수 있는지도 모른다. 그리고 그들은 '방언을 하는 것'이 성령을 받은 것에 대한 필수적인 표지라는 가르침을 접하게 될 때 자신들이 성령을 받지 못했거나 적어도 성령의 충만을 받지 못한 것이라고 결론짓는다. 그러나 성령을 받은 후에는 언제나 '방언'이 따라온다는 견해는 성경의 지지를 받을 수 없다. 사도행전에는 성령을 받은 모든 그룹 중 오직 세 그룹만이 '방언을 했다'고 기록되어 있을 뿐(2:1-4; 10:44-46; 19:1-6), 성령을 받은 다른 사람들과 그룹들이 그렇게 했다는 기록은 없다. 따라서 그들이 그렇게 했으리라고 주장하는 것은 독단적이다. 그뿐 아니라 사도들은 고린도전서 12장에서 '방언'의 은사는 여러 은사들 중 단지 하나일 뿐이며, 모든 그리스도인에게 주어지는 것이 아니라고 명확히 가르치고 있다. 더불어, 어떤 사람들이 사도행전에 나오는 '방언'에 대한 언급과 고린도전서 12장과 14장에 나오는 언급을 구분하면서, 전자는 모든 사람이 받아야 하는 '표지'로서의 방언이고 후자는 일부 사람들이 받는 '은사'로서의 방언이라고 주장하는 것도 확실한 근거가 없어 보인다. 사실상, 이제는 오순절 교회와 은사주의 운동의 몇몇 지도자들도 '방언'은 성령의 선물에 대한 필수적인 표지가 아니라는 점을 스스로 인정하고 있다. 이 문제에 대해서는 4장에서 '성령의 은사들'을 살펴볼 때 좀 더 다룰 것이다.

그렇다면 성령 충만의 증거는 무엇인가? 그리고 어떻게 성령의 충만을 누릴 수 있는가? 이러한 질문들에 답하기 위해서 우리는 먼저 신약성경의 중요한 본문 두 군데를 살펴보고자 한다. 첫 번째는 예수님의 입술에서 나온 말씀이고 두 번째는 바울이 기록한 글에서 나온 것이다. 그 후에 우리는 이러한 신약성경의 가르침과 관련이 있는 두 가지 현대의 문제를 생각해 볼 것이다.

계속적인 충당

우리가 계속해서 성령으로 충만하기 위해서는 계속해서 주 예수님께로 와야 한다고 첫 번째 본문은 강조한다. 나는 과거 내게 큰 도움을 주었고 지금도 주고 있는 요한복음 7:37-39에 기록된 주님의 고무적인 말씀을 말하고 있다. "명절 끝 날 곧 큰 날에 예수께서 서서 외쳐 이르시되 '누구든지 목마르거든 내게로 와서 마시라. 나를 믿는 자는 성경에 이름과 같이 그 배에서 생수의 강이 흘러나오리라' 하시니." 계속해서 요한은, "이는 그를 믿는 자들이 받을 성령을 가리켜 말씀하신 것이라(예수께서 아직 영광을 받지 않으셨으므로 성령이 아직 그들에게 계시지 아니하시더라)"고 말한다. 라일 주교(Bishop J. C. Ryle)는 "성경에는 금박으로 인쇄해야 할 본문들이 있다고 말하는 사람들이 있다. 우리 앞에 있는 이 본문이야말로 그런 본문 중 하나다"라고 말했다.

이날은 초막절(2절)의 마지막 날로서, 7일 동안 진행되는 절기에서 절정을 이루는 날이었다. 이 명절의 다채로운 의식 중 하나로서, 매일 아침 금항아리를 이고 가는 제사장의 뒤를 엄숙한 행렬을 지어 따르는 사람들이 실로암 못에서 물을 길어 와서 제단 서쪽 편에 제주(祭酒)로 부었다. 사람들은 일반적으로 이 의식을 광야에서 하나님의 기적적인 공급하심을 기념하는 것으로뿐 아니라, 선지자 요엘을 통해 약속하신 미래의 성령 부어 주심을 상징하는 것으로 이해해 왔다. 예수님은 이 본문에서 바로 그 의식을 염두에 두고 말씀하시는 것이다. 예수님은 눈에 띄는 장소에 극적인 모습으로 서서(그분은 대개 랍비들처럼 앉아서 가르치셨다) 큰 소리로 외치셨다. 예수님이야말로 자신을 찾아오는 사람들에게 마실 물과 그 배에서 흘러나오는 생수를 모두 주는 분이라고 말이다.

그분의 말씀이 의미하는 것은 무엇인가? 그분은 두 가지 생생한 그림을 합쳐서 보여 주신다. 첫째는 더운 날씨에 지치고 목마른 나그네의 모습이다. 태양은 이 사람의 머리 위로 무자비하게 내리쬐고 있다. 그의 물자루는 동이 난 지 오래다. 그의 입은 바짝 마르고 입술은 갈라졌으며 얼굴은 벌겋게 달아올랐다. 온몸은 탈수 상태에 빠져 있다. 그는 갈증을 없애 줄 물을 찾아 헐떡인다. 이 사람은, 그 정도가 어떻든 간에 그리스도로부터 분리된 모든 사람을 대표한다. 둘째 그림은 메마른 땅이다. 열대의 태양을 받은 땅은 단단하게 굳어졌다. 강줄기는 말라 바닥을 드러낸 지 오래다. 나무와 관목들은 말라서 비틀어졌고, 동물들은 목초지가 없으므로 신음한다. 대지는 물을 갈망한다. 이것은 바로 세상, 하나님 없는 세속 사회를 말한다. 생기도 만족도 없이 갈한 세상.

그렇다면 물은 무엇인가? 요한은 우리에게 말한다. "이는 그를 믿는 자들이 받을 성령을 가리켜 말씀하신 것이라." 그리고 그는 다음과 같이 덧붙인다. "예수께서 아직 영광을 받지 않으셨으므로 성령이 아직 그들에게 계시지 아니하시더라." 그가 실제로 말한 것을 문자적으로 번역한다면 "성령이 아직 계시지 않았다"고 할 수 있다. 이 말은 성령이 존재하시지 않았다거나 또는 그분이 활동하시지 않았다는 뜻이 아니다. 이 말이 의미하는 것은 그분이 아직은 오순절의 충만한 모습으로, '생수의 강으로', 부은 바 되지 않았다는 것이다. 따라서 지친 나그네의 갈증을 해소해 주고 메말라 갈라진 세상을 적셔 줄 생수는 성령의 충만을 뜻한다.

그렇다면 어떻게 우리는 이렇듯 생기를 주고 우리를 소생시키며 우리의 목마름을 없애 줄 충만함을 경험할 수 있겠는가? 그 대답은 이것이다. "내게로 와서 마시라. 나를 믿는 자는…." 두 문장이지만 조건은 하나다. 예수님께로 오는 것과 그분을 믿는 것에는 아무 차이가 없다. 왜냐하면 마시기 위해 그분께 오는 것은 믿음으로 그분께 오는 것이기 때문이다. 여기에 나오는 동사들(목마르다, 오다, 마시다, 믿다)은 모두 현재형이다. 따라서 우리는 예수님께 회개하는 마음과 믿음으로 한 번만 오는 것이 아니라, 그 후에도 계속해서 와야 하고 계속해서 마셔야 한다. 왜냐하면 우리는 계속해서 목마르기 때문이다. 이것은 육체적으로도 마찬가지다. 우리는 목마를 때마다 마실 것을 찾는다. 영적으로도 그렇게 하는 것을 배워야 한다. 그리스도인은 언제나 목마르고 언제나 마셔야 하는 영적 알코올 중독자(dipsomaniac)다. 그리고 여기서 마시는 것은 물을 구하기만 하는 것이 아니고 실제 그 물을 들이켜는 것이다. 이것은 매우 단순하다. 마시는 것은 아기들이 가장 먼저 배우는 활동 중 하나다. 실상 아기들은 본능적으로 물을 마신다.

우리가 마시는 물은 이제 흐르는 물이 된다. 우리가 받은 성령을 우리 안에만 담아 둘 수는 없다. 윌리엄 템플(William Temple)은 다음과 같이 썼다. "어느 누구도 하나님의 성령을 소유하면서(또는 성령이 내주하시는 자는 그 누구도), 그 성령을 자신에게만 제한할 수 없다. 성령은 그 계신 곳에서 흘러 나가신다. 만일 흘러 나가지 않는다면, 그분이 거기에 계시지 않은 것이다." 우리는 전도의 열망과 활동으로 이어지지 않는 성령 충만에 대해서는 그 어떤 주장도 경계해야 한다. 그뿐 아니라 우리가 마시는 물과 흘러 나가는 물 사이의 불균형을 주목하라. 우리는 몇 모금밖에 마시지 못한다. 그러나 우리가 계속해서 주님께 나아오고, 마시고, 또 믿는다면, 우리 안에 계신 성령의 강력한 역사로 말미암아 우리가 마신 적은 물은 흐르는 개울들의 거대한 합류로 배가될 것이다. 다시 말해서, '생수의 강'이 우리 안에서부터 흘러 나갈 것이다. 이러한 흐름은 성령 충만한 그리스도인들로부터 자연스럽게 흘러 나가 다른 이들에게 복이 된다. 그러나 계속해서 예수님께 와서 마시는 것 외에는 이러한 계속적인 들이킴과 흘러 나감을 보장할 수 있는 방법이 없다. 왜냐하면 성령의 충만은 계속해서 믿음으로 충당되어야 하기 때문이다.

성령 충만의 표지들

성령 충만에 관한 신약성경의 두 번째 본문은 우리가 주의 깊게 공부해야 할 충만에 대한 명령도 담고 있지만 무엇보다도 성령 충만의 증거를 강조한다. 오늘날 하나님의 성령으로 충만한 사람의 표지는 무엇인가? 의심할 여지 없이 그 가장 주된 증거는 기적적인 것이 아니라 도덕적인 것이며, 성령의 은사에 있지 않고 성령의 열매에 있다. 우리는 이미, 성령으로 세례를 받았고 성령의 은사들로 풍성하게 채우심을 받았으면서도 사랑이라는 도덕적 자질이 결여되었기 때문에 자신들이 '육적인' 그리스도인들임을 드러낼 수밖에 없었던 고린도 교인들에 대해 살펴보았다(고전 3:1-4). 그들이 나름대로 충만함을 받았다고 주장했기 때문에 바울은 그들에게 "너희가 이미 배부르며!"(고전 4:8)라는 조소 어린 편지를 쓸 수 있었던 것이다. 그러나 그들의 충만함은 성령의 충만이 아니었다. 만일 그들이 성령으로 충만했다면 당연히 성령의 처음 열매인 사랑으로 충만했을 것이다. 사랑은 성령의 열매와 은사를 묶어 주는 강력한 띠다. 이것은 단지 사랑이 없는 은사가 무가치하기 때문만이 아니라(고전 13장), 사랑은 다른 사람들을 섬기는 데 꼭 필요한 도구로써 은사를 요구하기 때문이다.

사도 바울이 그의 서신들에서 성령 충만의 결과들을 묘사한 유일한 본문은 에베소서 5:18-21인데, 여기에 나타나는 것은 모두 도덕적인 자질들이다.

> 술 취하지 말라. 이는 방탕한 것이니 오직 성령으로 충만함을 받으라. 시와 찬송과 신령한 노래들로 서로 화답하며 너희의 마음으로 주께 노래하며 찬송하며 범사에 우리 주 예수 그리스도의 이름으로 항상 아버지 하나님께 감사하며 그리스도를 경외함으로 피차 복종하라.

헬라어 원문에는 이 본문이 명령형으로 된 두 개의 동사("술 취하지 말라…오직 성령으로 충만함을 받으라")와 그것들을 수식하는 현재분사로 된 네 개의 동사(문자적으로는 '말하는 것' '노래하고 찬송하는 것' '감사를 드리는 것' '복종하는 것')로 되어 있다. 다시 말해서, 성령의 충만을 받으라는 단 하나의 명령 다음에는 성령 충만의 결과들을 보여 주는 네 가지 묘사가 이어지고 있다.

성령의 충만함을 받으라는 명령은 술 취하지 말라는 다른 명령과 생생한 대조를 이루며 제시된다. 어떤 사람들은 이러한 사실에 근거해서 술 취함과 성령의 충만이 비교될 만한 성질의 것이라는 결론을 너무 쉽게 도출해 낸다. 그들은, 성령의 충만은 일종의 영적 만취 상태이며, 사도는 이 두 가지 취한 상태 즉 술로 말미암은 육체적 만취 상태와 성령으로 말미암은 영적 만취 상태가 서로 대조되고 있음을 보여 주고자 하는 것이라고 말한다. 그러나 이것은 그렇지 않다. 물론 술 취한 사람은 알코올의 '영향력 아래' 있고 이와 비슷하게 성령으로 충만한 신자는 성령의 지배하에 있다고 말할 수는 있을 것이다. 또 오순절에 120명의 사람들이 성령의 말하게 하심을 따라 회중 앞에서 다른 방언으로 말했을 때 무리 중 어떤 사람들은 "그들이 새 술이 취하였다"고 반응했던 것도 사실이다(행 2:13). 그러나 그렇게 말한 자들은, 사도들이 말한 방언을 조금도 이해할 수 없었기 때문에 그들이 술 취한 것으로 여겼던 소수의 사람들임에 틀림없다. 이와 반대로 대부분의 사람들은, 갈릴리 출신의 제자들이 자신들이 이해할 수 있는 아시아와 아프리카 원어로 알아들을 수 있게 말한 것에 대해 놀랍다는 반응을 보였다.

그러므로 최초로 성령 충만했던 신자들이 일종의 만취 상태의 황홀경에 빠졌다거나 또는 그러한 상태가 미래에 있을 모든 성령 충만 경험의 패턴으로 제시되었다고 생각하면 큰 오산이다. 오히려 그 반대가 옳은 해석이다. 에베소서 5:18에는 술 취함과 성령의 충만이 그러한 점에서 비교될 수 없는 것임을 보여 주는 분명한 암시가 있다. 왜냐하면 술 취함은 '지나침'(AV) 또는 '방탕한 것'(RSV)으로 묘사되고 있기 때문이다. 헬라어 '아소티아'(*asōtia*)는 신약성경의 다른 두 곳에도 나타나는데, 거기서는 '방탕'(딛 1:6; 벧전 4:4)을 의미하며, 문자적으로는 사람이 자신을 '구하거나' 통제할 수 없는 상태를 가리킨다. 술 취하면 절제력을 잃어버리기 때문에 바울은 그러한 상태를 피하라고 쓰고 있다. 따라서 술 취함과 대조되는 상태인 성령의 충만은 절제력을 잃지 않는다는 것이 암시되어 있다. 이와는 반대로 우리는 갈라디아서 5:23에서 성령의 열매는 절제(enkrateia)라는 것을 분명히 배운다! 우리는 또 사도가 계속해서 설명하고 있는 성령 충만의 결과들을 우리가 하나님과, 또 다른 사람과 맺는 이성적이고 절제되어 있는 건강한 관계에서 찾아야 할 것이다.

우리는 술 취함과 성령의 충만이라는 두 개의 상태에서 두 개의 강한 영향력이 우리 안에서 작용한다는 사실을 인정한다. 즉 술은 우리의 혈관 속에서, 그리고 성령은 우리의 마음 안에서 작용한다. 그러나 지나친 음주는 술 취한 사람을 억제되지 않는 비이성적인 상태로 몰고 감으로써 짐승으로 만들지만, 성령의 충만은 억제되고 이성적인 도덕적 품행으로 끌어감으로써 그리스도인을 그리스도의 형상으로 변화시킨다. 따라서 한편으로 술의 영향력 아래 있는 결과와 다른 한편으로 하나님의 성령의 영향력 아래 있는 결과는 완전히 다르다. 한쪽은 우리를 짐승처럼 만들지만, 다른 쪽은 우리를 그리스도처럼 만든다.

이제 성령 충만의 네 가지 건전한 결과이자 확실한 객관적 증거들을 살펴볼 차례가 되었다. 이 결과들은 관계에서 나타난다. 성령 충만은 개인적이고 신비적인 경험보다는 하나님과 동료 인간들과의 도덕적 관계에서 더욱 잘 드러난다.

첫째는 "화답하며"다. AV(흠정역)에 따르면 "너희 자신들에게 말하고"로 되어 있다. 물론 이 말은 성령으로 충만한 자들은 마치 생각의 고삐가 풀린 사람들처럼 갑자기 스스로에게 말하기 시작한다는 그런 뜻이 아니다. 그보다는 RSV의 "서로 화답하며"라는 번역이 확실히 옳다. 골로새서의 병행 구절(3:16)에서 사도는 독자들에게 그리스도의 말씀이 그들 속에 풍성히 거하게 하여 "모든 지혜로 피차 가르치며 권면하[라]"고 강조한다.

성령 충만의 첫 번째 증거가 서로에게 말하는 것이라는 점은 매우 인상적이다. 그러나 성령의 첫 번째 열매가 사랑이라는 것을 생각하면 그렇게 놀랄 일도 아니다. 우리가 하나님과 나누는 교제가 아무리 깊고 친밀하게 보인다 해도, 만일 우리가 동료 중 어느 누구와도 대화를 나누는 관계를 맺지 못한다면 자신이 성령으로 충만하다고 주장할 수 없다. 충만의 첫 번째 표지는 교제다. 그뿐 아니라 그것은 영적 교제다. 왜냐하면 우리는 세속적인 잡담을 나누는 것이 아니라 "시와 찬송과 신령한 노래들로" 서로 화답하기 때문이다. 이 말은 물론, 성령으로 충만한 사람들 사이의 일상적인 의사소통 방법이 노래라는 말은 아니다! 이 말이 뜻하는 바는 진정한 교제는 회중 예배를 통해 나타난다는 것이다. 이에 대한 한 가지 좋은 예가 잉글랜드 성공회 신도들이 주일 아침 회중 예배에서 자주 부르는 '베니테'(Venite, 시편 95편을 일컫는 말—옮긴이)다. 엄밀히 말해서 이 노래는 예배의 시편이라고 할 수 없다. 왜냐하면

이 시편은 하나님께 드리는 노래라기보다는 회중을 향한 노래이기 때문이다. "오라, 우리가 여호와께 노래하[자]." 여기서 우리는 하나님의 사람들이 시편을 통해 서로 화답하는 모습, 주님을 찬양하도록 서로 권면하는 모습을 볼 수 있다.

이러한 모습은 주께 "노래하며 찬송하[는]" 성령 충만의 두 번째 결과로 이어진다. 성령은 주 예수님을 영화롭게 하기를 원하시며, 예수님을 그분의 백성들에게 나타내셔서 그들이 예수님을 기뻐 찬양하게 하신다. 음악에 소질이 없는 사람들은 이 권면을 "너희 마음에서"(in your heart) 주께 노래하라고 번역한 흠정역에서 때때로 위로를 얻어 왔다. 왜냐하면 이 번역은 우리의 기쁨이 전적으로 내적인 것이며 따라서 "주님의 귀만을 위한 것"(J. B. Phillips)이라는 느낌을 주기 때문이다. 하지만 이 문구를 "너희의 전심으로"(with all your heart)라고 번역한 RSV가 아마도 옳을 것이다. 마음은 노래가 비롯되는 장소라기보다는 우리의 자세를 가리킨다. 사도는 우리에게 소리 없는 예배가 아니라, 마음에서 우러나오는 예배를 드리라고 권면하는 것이다.

세 번째로 우리는 "범사에…감사"해야 한다. 우리는 대부분 어떤 일들에 대해서는 때때로 감사드린다. 그러나 성령 충만한 그리스도인은 모든 일에 언제나 감사드린다. 그들이 감사하지 않는 시간이나 상황은 전혀 없다. 그들은 그리스도와 하나가 되었기 때문에 "우리 주 예수 그리스도의 이름으로" 감사한다. 또 그들은, 성령이 그들의 영과 더불어 그들이 하나님의 자녀인 것을 증언하시고 또 그들의 아버지는 온전히 선하시고 지혜로우신 분이기 때문에, "아버지 하나님께" 감사한다. 불평은 이스라엘 백성의 죄악 중 하나였는데, 그것은 불신의 표시이기 때문에 심각한 죄다. 우리가 투덜대고 불평할 때마다 그러한 모습은 우리가 성령으로 충만하지 않다는 좋은 증거다. 성령이 신자들을 충만히 채우실 때마다 그들은 하늘의 아버지께 모든 일에 항상 감사한다.

우리는 주님께 노래하고 아버지께 감사드리는 성령 충만의 두 번째와 세 번째 표지가 모두 하나님을 향한 것임을 살펴보았다. 성령은 우리로 하여금 아버지와 아들과의 바른 관계에, 그분들을 찬양하는 관계에 들어가게 하신다. 성령 충만한 신자들은 삼위일체 교리에 대해 실제적으로 전혀 문제를 느끼지 않는다. 하지만 서로 화답하며 피차 복종하는 첫 번째와 네 번째 표지는 우리가 서로와 맺는 관계와 관련되어 있다.

사도가 잠시 후에 복종을 아내가 남편에게, 자녀가 부모에게, 종이 상전에게 행해야 할 **특별한** 의무로 설명하는 것은 사실이지만, 그는 복종이 우선적으로 (남편, 부모, 상전을 포함하여) 모든 그리스도인이 서로 행해야 할 **일반적인** 의무라는 것을 밝히면서 시작한다. 겸손한 복종은 그리스도인의 품행에서 너무나 중요한 부분으로, 그 동사는 신약에서 32회나 사용되고 있다. 자기주장이 아니라 자기 복종이야말로 성령 충만한 그리스도인을 보증하는 증거다.

때때로 신학적으로나 도덕적으로 근본적인 문제가 관건이 될 때에 우리가 양보해서는 안 되는 것이 사실이다. 바울은 안디옥에서 베드로를 직접적이고도 공개적으로 반대함으로써 이렇듯 단호해야 할 때가 있다는 것을 멋지게 예를 들어 보여 주었다(갈 2:11-14). 그러나 우리는 원리 위에 굳게 서 있다고 하면서 실상은 교만이라는 추악한 모습을 드러내는 꼴이 되지 않도록 항상 주의해야 한다. 우리는 우리의 의분을 그다지 신뢰하지 않는 것이 현명하다. 우리의 의분에는 대개 불의한 공명심이 섞여 있기 마련이다. 이 문장의 마지막 부분에 나오는 "그리스도를 경외함으로"라는 조건이야말로 그러한 여부를 시험하는 기준이 된다. 우리의 첫째 의무는 주 그리스도에 대한 경외와 겸손한 복종이다. 우리는 다른 사람에 대한 복종이 그리스도에 대한 불충성이 되지 않는 범위 내에서만 그들에게 복종해야 한다.

성령 충만의 건전한 결과들이 이제 밝히 드러났다. 이러한 충만함이 드러나는 두 가지 주된 영역은 예배와 교제다. 성령으로 충만하다면 우리는 그리스도를 찬양하고 아버지께 감사하며, 서로 화답하고 피차 복종할 것이다. 성령은 우리로 하여금 하나님과 사람 양쪽과 다 바른 관계를 맺게 하신다. 우리는 초자연적인 현상이 아니라 이러한 영적 특질과 활동 안에서 성령 충만의 우선적인 증거를 찾아야 한다. 바로 이것이야말로 사도의 강조점이다. 그는 갈라디아서에서 '성령의 열매'(다음 장을 보라)가 무엇인지를 보여 줄 때처럼 고린도전후서와 에베소서에서도 이 주제를 다루면서 이 점을 강조한다.

성령으로 충만하라는 명령

이제 지금까지 우리가 살펴본 네 가지 현재분사가 수식하는 본 명령을 살펴볼 차례가 되었다. 그 명령은 "오직 성령으로 충만함을 받으라"는 것이다. 이 동사와 관련된 다음 네 가지 사항에 주목하라.

첫째, 이 동사는 **명령형**으로 되어 있다. "충만함을 받으라"는 말은 일시적인 제안이나 가벼운 권면, 정중한 충고 한마디가 아니다. 이 명령은 그리스도로부터 온 것으로서, 그분이 택하신 사도가 자신에게 주어진 모든 권위를 가지고 하는 명령이다. 우리는 본문에 나타난 윤리적 의무들, 즉 진리를 말하고, 정직하게 일하고, 서로 친절을 베풀며 서로 용서하고, 순결과 사랑의 삶을 살아야 하는 의무들을 회피할 수 없는 것처럼, 이 의무를 회피할 자유가 없다. 성령의 충만은 그리스도인에게는 선택의 문제가 아니라 의무다.

둘째, 이 동사는 **복수형**으로 되어 있다. 그 앞에 나오는 "술 취하지 말라"는 동사도 마찬가지다. 에베소서 5:18에 나오는 금지와 명령의 두 명령형은 모든 그리스도인 공동체에 주어진 것이다. 이 말씀은 모든 사람에게 적용된다. 우리는 누구도 술 취해서는 안 된다. 우리는 모두 성령으로 충만해야 한다. 성령 충만은 일부 사람들을 위해 따로 마련된 특권이 아니라 모든 사람에게 주어진 명령이라는 점을 기억해야 한다. 술 취하지 않고 절제해야 한다는 명령처럼 성령의 충만을 구하라는 명령은 모든 하나님의 사람들에게 예외 없이 주어진 명령이다.

셋째, 이 동사는 **수동태**로 되어 있다. "성령으로 충만함을 받으라"는 명령은 곧 "성령이 너를 채우시게 하라"(NEB)는 것이다. 그분의 충만함을 누리는 한 가지 중요한 조건은 그분께 무조건 맡기는 것이다. 그럼에도 불구하고, 술 취하는 것과 마찬가지로 성령의 충만을 받는 데서도 우리 자신은 전적으로 수동적이어야 한다고 생각해서는 안 된다. 사람은 술을 마시기 때문에 취하게 된다. 우리가 이미 요한복음 7:37의 주님의 가르침에서 살펴본 것처럼 성령의 충만도 마시기 때문에 주어진다.

넷째, 이 동사는 **현재형**으로 되어 있다. 헬라어에서 부정과거형으로 된 명령은 단회적인 행동을 가리키고, 현재형의 명령은 계속적인 행동을 가리킨다는 것은 잘 알려진 사실이다. 그렇기 때문에 가나의 혼인 잔치에서 예수님이 "항아리에 물을 채우라"(요 2:7)고 하셨을 때 사용하신 부정과거형의 명령은, 하인들에게 그때 한 번만 순종하라는 의미였음을 보여 준다. 반면에 "성령으로 충만함을 받으라"는 현재형의 명령은 문제를 단번에 해결해 주는 어떤 극적이거나 결정적인 경험이 아니라 계속적으로 성령 충만을 충당해야

함을 가리킨다.

이 점은 성령의 '인치심'과 '채우심' 사이에 대조가 나타나는 에베소서에서 더욱 강화되고 있다. 사도는 두 번씩이나 독자들이 성령으로 '인치심'을 받았다고 쓴다(엡 1:13; 4:30). 두 곳에 쓰인 동사는 모두 동일한 부정과거형이며, 모든 회개하는 신자를 묘사한다. 하나님은 그를 받으셨고 그에게 성령의 인침을 주심으로써 그것을 증명하시고, 그가 하나님께 속한 자임을 표하시고 보증하셨다. 그러나 모든 신자가 '인치심'을 받은 것은 사실이지만, 모든 신자가 '충만한' 것은 아니다. 왜냐하면 '인치심'은 과거에 일어난 사건으로 이제는 끝난 행위이지만, '채우심'은 현재적이고도 계속적인 것이기 (또는 것이어야 하기) 때문이다.

성령의 충만이 정적이지 않고 계속 개발되어야 하는 경험임을 보여 주기 위해 예화를 한 가지 드는 것이 도움이 될 것 같다. 여기에 두 사람을 비교해 보자. 한 사람은 갓 태어난 아기로서 몸무게가 약 3킬로그램 정도 나가며 이제 막 숨을 쉬기 시작하였고, 다른 사람은 장성한 성인으로서 키가 180센티미터가 넘고 몸무게도 75킬로그램쯤 된다. 둘 다 건강하고 튼튼하다. 둘 다 제대로 숨을 쉬고 따라서 '공기로 충만하다'고 말할 수 있다. 그렇다면 이 두 사람의 차이는 무엇인가? 그것은 이 두 사람의 폐활량이 다르다는 것이다. 두 사람 모두 '충만하다.' 하지만 한 사람이 다른 사람보다 더 충만한데, 그것은 그의 폐활량이 훨씬 더 크기 때문이다.

이 점은 영적인 삶과 성장에서도 마찬가지다. 그리스도 안에서 새로 태어난 사람이 성령으로 충만하다는 것을 누가 부인하겠는가? 모든 신자의 몸은 성령이 거하시는 성전이다(고전 6:19). 그렇다면 성령이 그분의 성전에 들어오면서 그 성전을 충만히 채우시지 않으리라고 우리가 생각할 수 있겠는가? 믿은 지 오래된 성숙하고 경건한 그리스도인도 성령으로 충만하다. 이 둘 사이의 차이점은 그들의 영적 폐활량이라고 불리는 것, 즉 그들이 자신을 향한 하나님의 목적을 믿음으로 붙잡는 정도가 다르다는 것이다.

이 점은 바울이 에베소의 그리스도인들을 위해 드린 기도에서 분명히 나타난다. 그는 다음과 같이 기도한다.

> 우리 주 예수 그리스도의 하나님, 영광의 아버지께서 지혜와 계시의 영을 너희에게 주사 하나님을 알게 하시고 너희 마음의 눈을 밝히사 그의 부르심의 소망이 무엇이며 성도 안에서 그 기업의 영광의 풍성함이 무엇이며 그의 힘의 위력으로 역사하심을 따라 믿는 우리에게 베푸신 능력의 지극히 크심이 어떠한 것을 너희로 알게 하시기를 구하노라. (엡 1:17-19)

이 본문은 영적 성장의 단계를 보여 준다. 하나님의 능력의 충만을 경험하는 자들은 '믿는' 자들이다. 그러나 그들은 먼저 그 능력이 얼마나 큰지를 '알아야' 하고, 그러기 위해서는 성령으로 마음의 눈이 밝아져야 한다.

그렇다면 그 순서는 눈뜸(enlightenment), 지식, 믿음, 경험이라고 말할 수 있다. 우리는 눈뜸을 통해서 알게 되고, 믿음으로 우리가 아는 것을 즐기는 경험에 들어가게 된다. 우리의 믿음의 경험은 대부분 우리 마음의 지식(heart-knowledge)에 달려 있다. 더 나아가 우리가 알면 알수록 영적 폐활량은 더 커지고, 우리에게 주어진 기업을 믿음으로 주장해야 하는 책임 또한 더 커진다. 따라서 한 사람이 성령으로 태어날 때 그가 자신을 향한 하나님의 목적을 이해하는 것은 매우 제한되어 있으며, 그의 경험 또한 그에 비례하여 제한되어 있다. 그러나 성령이 그의 마음의 눈을 밝히시면 그 앞에 이제까지는 꿈도 꾸어 보지 못했던 새로운 지평이 열리기 시작한다. 그는 하나님의 부르심의 소망과 그 기업의 풍성함 그리고 하나님의 능력의 크심을 보고 알기 시작한다. 그는 믿음으로 그를 위한 하나님의 목적의 충만함을 붙잡게 된다. 그러나 슬프게도, 종종 우리의 믿음이 우리의 지식을 따라가지 못한다. 우리의 눈은 그리스도 안에서 우리를 향하신 놀라운 하나님의 목적들을 더욱더 알기 위해 열려 있지만, 우리는 믿음으로 그것을 붙잡지 못하고 머뭇거린다. 이러한 태도야말로, 불순종이나 불신 때문은 아니라 해도, 우리가 성령의 충만을 잃어버리게 되는 한 가지 이유다. 우리의 폐는 자란다. 그러나 우리는 그것을 사용하지 않는다. 우리는 계속해서 우리의 불신을 회개하고, 믿음이 자라게 해 달라고 하나님께 부르짖어야 한다. 그래서 우리의 지식이 성장해 감에 따라 믿음도 함께 자라게 되고, 그렇게 될 때 우리는 하나님의 목적과 능력의 위대함을 더욱 붙잡게 될 것이다.

보통 수준의 그리스도인

우리는 이 장에서 지금까지 성령의 세례(회심 때 단회적으로 받는 것)와 성령의 충만(계속해서 점진적으로 충당해 가야 하는 것)을 구별해 보았다. 또한 주님과 그분의 사도인 바울이 계속 주님께 와서 마셔야 하는 우리의 필요에 대해 주신 중요한 가르침과 성령 충만의 표지 그리고 충만함을 받으라는 명령에 대해 살펴보았다. 이 모든 것은 성경 연구를 통해서 한 것이다.

그러나 이러한 우리의 해석에 대한 주된 반론은 성경적인 것이 아니라 경험적인 것이며, 이론적인 것이 아니라 실제적인 것이다. 그러한 반론들을 다음 두 문장으로 표현해 보겠다.

1. 모든 그리스도인이 성령으로 세례를 받았다고 하는데, 대부분은 그렇게 보이지 않는다!
2. 어떤 그리스도인들은 그 이상의 독특한 성령 체험을 했다고 주장하는데, 그들의 주장은 사실처럼 보인다!

이 두 가지 반론을 차례로 살펴보고자 한다.

첫째, 오늘날 '보통 수준의 그리스도인'으로 여겨지는 사람들에 대해 생각해 보자. 우리는 "그를 과연 성령으로 세례를 받은 사람으로 여길 수 있겠는가?"라는 질문을 받는다. 반론자는 말하기를, "그의 회심은 너무나 평이해서 전혀 '성령의 세례'처럼 보이지 않는다. 그리고 현재 그의 신앙생활은 그가 성령으로 세례를 받았다는 증거를 거의 제시하지 못한다"라고 한다. 우리는 이러한 반론에 어떻게 답해야 하는가?

오늘날 그리스도인의 회심이 바로 성령의 세례이거나 또는 성령의 세례를 포함한다는 것을 부인하는 입장은, 성령의 세례가 반드시 이러해야 한다는 **선험적인** 가정에 근거하고 있다. 사람들은 항상 마음 한구석에 오순절의 극적인 사건을 간직하고 있다. 그들은 바람과 불 그리고 방언 등을 추구한다. 그들은, 다마스쿠스 도상에서 사울의 회심과 함께 나타났던 초자연적인 표지들이 모든 그리스도인의 회심에서 전형적인 모델이 될 수 없는 것처럼, 오순절의 성령 강림과 함께 나타났던 초자연적인 표지들이 모든 성령 세례의 전형적인 모델이 될 수 없다는 점을 잊어버리고 있다. 우리는 이미 '언어'나 '방언'의 은사가 성령 세례의 필수적인 증거가 될 수 없음을 살펴보았다. 바람과 불도 마찬가지다. 사도행전 2장 말미에는 성령을 받은 3,000명과 관련하여 바람, 불, 언어들에 대한 언급이 전혀 나타나지 않는다. 그렇다. 오순절의 바람, 불, 언어들은 다마스쿠스 도상의 빛과 소리처럼 외적 부속 현상이었다. 이런 것들은 본질적인 내적 경험에 반드시 수반되어야 하는 것들이 아니었다. 조용하면서도 전혀 극적이지 않은 방법으로 성령의 '선물' 또는 '세례'를 받을 수 없다고 가정할 만한 성경적 근거라도 있단 말인가?

조금 더 설명해 보자. 중생을 의식적인 과정으로 보는 견해, 즉 거듭나는 사람은 자신 안에서 일어나고 있는 일을 의식한다고 보는 견해를 뒷받침하는 성경적 근거는 어디에도 없다. 예수님 자신은 니고데모와의 대화에서 새로운 출생에서의 성령의 사역을 바람이 부는 것으로 비유하시면서 오히려 이와 반대되는 입장을 밝히셨다.

> 바람이 임의로 불매 네가 그 소리는 들어도 어디서 와서 어디로 가는지 알지 못하나니 성령으로 난 사람도 다 그러하니라. (요 3:8)

바람의 흔적은 보고 듣고 느낄 수 있지만, 바람의 활동 자체에는 뭔가 알 수 없고 신비스러운 면이 있다. 새로운 출생도 (변화된 삶에서) 그 흔적들이 드러나지만, 성령의 중생하게 하시는 사역에는 뭔가 알 수 없고 신비스러운 면이 있다. 물론 성령의 또 다른 사역인 '회심', 즉 죄인이 회개와 믿음으로 그리스도께로 돌이키는 것은, 그가 자신의 지성으로 어떤 사실을 인식하고 자기 의지로 행동을 취한다는 점에서, 일반적으로 의식적이라고 할 수 있다. 그러나 거듭남은 죄와 허물로 죽은 영혼 안에 새로운 생명이 이식되는 것이다. 우리는 자신의 출생을 의식하지 못하듯이, 중생 또는 영적인 출생이라고 불리는 이러한 영적인 생명의 주입을 의식하지 못한다. 이 두 경우 모두 자의식 또는 살아 있다는 의식은 후에 개발된다. 그러므로 우리가 이미 논증했듯이 만일 '성령의 세례'가 성령의 출생을 가리키는 또 다른 표현이라면, 그 경험이―극적인 것은 차치하고―의식적이어야 한다고 주장할 만한 근거도 전혀 없다.

'보통 수준의' 그리스도인에 대한 또 다른 반론은 그의 회심을 둘러싼 정황에 관한 것이 아니라, 그 뒤에 나타나는 그의 수준 낮은 신앙생활에 관한 것이다. 우리는 그러한 사람이 성령으로 세례를 받았다고 여길 수 있겠는가? 나는 오늘날 우리 신앙생활의 많은 부분이 정상적인 모습에 미치지 못한다는 것을 결코 부인하거나 변명하고 싶지 않다. 그러한 지적은 종종 사실이며, 그것은 사실인 만큼 또한 슬픈 현상이다. 우리는 불순종과 불신으로 인해 우리가 누려야 할 충만한 기업을 빼앗겼다. 우리는 그리스도에게 속한 자들이기 때문에 이 기업을 소유할 권리가 있지만, 그것에 들어가는 일에 실패했다. 우리는 마치 약속의 땅을 받았지만 거기에 들어가 그 땅을 취하지 못했던 이스라엘 백성과 같다. 우리는 회개하고 하나님께로 돌아가야 한다. 우리는 실로 성령으로 세례를 받았다. 그러나 우리는 우리가 받은 성령의 세례가 우리에게 줄 수 있는 것보다 낮은 수준에 머무른 채 살아가고 있다. 왜냐하면 성령으로 충만한 상태에 있지 못하기 때문이다.

나는 또한 안타깝게도 모든 그리스도인의 그룹에서 이러한 수준 낮은 신앙생활이 발견되고 있다는 점을 덧붙일 수밖에 없다. 놀라운 영적 경험을 했다고 주장하는 사람이나 그렇지 않은 사람이나 모두 다 똑같이 도덕적인 의무들과 정직성, 순결, 비이기적인 태도 등에서 실패할 수 있다. 또한 나는 이 양쪽 그룹에서 똑같이, 그리스도를 닮은 아름다운 사람들을 알고 있다. 많은 그리스도인들의 실패와 보잘것없는 성과는 그들이 **성령으로 세례를 받아야 할 필요가 있다**는 증거가 아니라(교만하고 사랑이 없으며 다투기 잘하고 죄에 관대했던 고린도 교인들조차도 성령으로 세례를 받은 자들이었다), 그들이 죄나 불신으로 인해 잃어버림으로써 고린도 교인들처럼 '영적이지 않은' 또는 '육에 속한' 자들이 될 수밖에 없었던(고전 3:1이하) **성령의 충만을 회복해야 할 필요가 있다는 증거다**. 이러한 의미에서 많은 그리스도인들은 두 번째 단계 또는 그 이상의 경험을 가질 수 있다. 그러나 이것이 하나님의 일반적인 뜻과 목적은 아니다(하나님은 우리가 지속적으로 또 점차적으로 더 성령의 충만을 받기 원하신다). 이것은 오히려 그들이 죄로 인해 퇴보함으로 말미암은 것이다.

특별한 경험들

이제 나는 앞에서 언급한 두 번째 부류의 그리스도인들에게로 관심을 돌리고자 한다. 그들은 성령으로 세례를 받은 것처럼 보이지 않는(그렇다고들 말하는) 보통 수준의 그리스도인들이 아니라, 자신들이 '성령으로 받는 세례'라고 부르는 '오순절적인' 경험을 가졌다고 주장하는 특정한 그리스도인들이다. 우리는 그들과 그들의 경험에 대해 무엇이라고 말해야 하는가?

나는 우리가 잊어서는 안 될 세 가지를 간단히 설명하고자 한다. 하지만 여기에 시간을 들일 생각은 없다. 첫째, 그런 경험의 일부는 의심할 여지없이 **마귀적**이며, 진정한 영적 경험인 양 위장한 사탄의 **끔찍한 계략**이다. 예수님도 우리에게 그러한 것들에 대해 경고하셨으며, 놀라운 속도로 퍼져 가는 현대인들의 비술(occult)에 대한 관심은 우리에게 경종을 울리고 있다. 하지만 하나님의 자녀들은 사탄의 그러한 얄팍한 속임수에 넘어가서는 안 된다. 마귀는 그리스도와 거룩함을 둘 다 미워한다. 따라서 우리는 사탄이 활동하는 곳에서 그리스도가 존귀하게 여겨지거나 거룩함이 장려되는 것을 볼 수 없다.

둘째, 그러한 경험 중 좀 더 많은 부분은 **심리적인** 것들이다. 물론 어떤 의미에서 우리의 모든 경험은 심리적이다. 그러나 내가 의미하는 것은 우리가 영적이라고 생각하는 어떤 경험들이 실상은 심리적이라는 것이다. 왜냐하면 그것들은 하나님의 영이 아니라 우리 인간의 심리에 근원을 두고 있기 때문이다. 소위 '방언'이라고 불리는 현상 중 일부는 여기에 속하는 것이 분명하다. 그 비율이 얼마나 되는지는 말할 수 없지만, 어떤 종류의 '방언'(*glossolalia*), 즉 의식적인 생각의 지배를 벗어난 무의식적인 언어는, 일부 의학적 이상 증상뿐 아니라, 힌두교, 이슬람교, 모르몬교에서도 잘 알려져 있으며, 이러한 현상이 오늘날 많은 그리스도인들이 주장하는 것과 그리 다르게 보이지 않는다. 하지만 그렇다고 해서 너무 염려할 필요는 없다. 어떤 것을 인간의 심리적인 활동으로 여긴다고 해서 그것을 마귀적인 것으로 여기는 것은 아니기 때문이다. '심리적인' 것은 도덕적으로나 영적으로 중립적일 수 있다. 그것이 그리스도를 영화롭게 하고 의를 증진시키는지를 묻는 것이 훨씬 더 중요하다.

셋째, 어떤 또 다른 현대의 경험들은 실제로는 **회심**의 경험인 듯하다. 명목상의 그리스도인이나 자유주의 그리스도인 또는 가톨릭 신자들이 성령으로 세례를 받았다고 주장하는 것을 들을 때, 우리는 그들이 실제로는 '복음주의적 경험'이라고 불리는 것, 즉 회심을 묘사하는 것이 아닌가 하는 생각을 하게 되는 경우가 있다. 그런 경우에 그들이 자신에게 일어난 일을 설명하는 것을 들어 보면 그들이 자각한 것보다 더 성경적이다.

이러한 세 가지 설명을 제시한 후, 이제 나는 마귀적이지도 않고 순전히 심리적인 것도 아닌 그러한 경험들을 살펴보고자 한다. 이 경험들은 회심의 경험이라고 할 수도 없다. 왜냐하면 이미 오래 전에 회심한 그리스도인들 중에서도 그러한 경험을 하는 자들이 있기 때문이다. 오히려 그것들은 하나님에 대한 참되고도 깊은 경험들이다. 이러한 경험들에 대해 우리가 가장 먼저 말해야 할 것은 성령은 주 하나님이시라는 것이다. 그분은 신성한 영, 강력한 영, 자유롭고 주권적인 영이시다. 우리는 그분의 사역을 결코 제한하려고 해서는 안 된다. 사실상, 우리가 그렇게 하려고 한다 해도 우리는 그렇게 할 수 없다. 신약성경에 의하면 하나님의 **표준**은 먼저 처음에 단회적으로 성령의 '세례'를 받고, 그 후로는 거룩함과 그리스도인의 성숙을 향해 꾸준히 자라 가도록 그분의 충만함을 계속적이고도 점차적으로 충당해 가는 것임을 주장해야 한다고 나는 생각한다. 그러나 우리는 또한 이러한 성숙의 과정 안에서 더 깊은 체험들이 많이 있을 수 있으며, 때로 성령은 여전히 더 비상하게 일하시기도 하신다는 것을 덧붙여야 한다. 이렇게 뒤따르는 경험들에 대해 쓰면서 나는 첫째로 그것들의 다양성에 대해, 둘째로 그것들의 부차적인 중요성에 대해 그리고 셋째로 그것들의 지속적인 불완전성에 대해 강조하고자 한다.

첫째, 그 경험들의 **다양성**이다. 이러한 표제 아래는, 같거나 비슷한 경험들은 반복될 수 있다는 사실도 포함된다. 우리는 이미 신약성경의 가르침을 '한 번의 세례, 여러 번의 충만'으로 요약할 수 있다는 것을 살펴보았다. 새로운 충만은 새로운 책임에 앞서 주어지며, 새롭고 힘든 일을 위해 우리를 준비시키기 위해 주어질 수 있다. 또는 불순종과 퇴보, 영적 메마름 등에 뒤따라 주어지기도 한다. 그럴 때 회개하는 신자는 갑자기 영적 자각과 실재를 깨닫는 새로운 차원으로 들어 올려지는 것을 경험하게 된다.

이러한 경험들은 우리의 타고난 기질에 따라 어느 정도 다르게 나타날 것이다. 성령은 우리를 인간으로 존중해 주시며, 창조에 의한 우리의 됨됨이를 새로운 창조로 제거해 버리지 않으신다. 그분은 우리에게 적합한 방법으로 우리 안에서 일하시며, 창조된 우리 존재의 잠재적 가능성을 충분히 발휘하여 우리 자신이 될 수 있도록 우리를 자유롭게 하신다. 그러나 우리의 기본적인 기질은 변하지 않는데, 바로 그 점이 영적 경험의 폭넓은 다양성의 주된 이유다. 우리는 소위 말하는 '점액질'과 '담즙질'과 같은 유형, 또는 '외향적'이거나 '내향적'인 사람들이 똑같은 방법으로 그리스도를 경험하리라고 기대하지 않으며, 그렇게 기대해서도 안 된다.

그럼에도 불구하고 모든 그리스도인은 하나님을 새롭게 경험할 수 있다. 하나님은 진부한 것이나 정체된 것을 좋아하지 않으신다. 그분은 우리에게 새 노래로 찬양하라고 하신다. 왜냐하면 그분은 우리가 그분을 새롭게 알기를 원하시며, 그분의 긍휼이 '아침마다 새로울' 것을 약속하셨기 때문이다(시 40:3; 98:1; 애 3:23). 때로 우리가 참으로 하나님의 자녀임을 확신시켜 주시는 성령의 내적 증거가 강하고도 놀랍게 주어져서 우리는 어둠과 무지에서 완전히 벗어나기도 한다. 때로 그분은, 우리가 그 사랑의 파도에 잠기지 않도록 그분의 손을 멈추어 주실 것을 간구해야 할 만큼, 우리 마음에 사랑의 조수를 넘치게 부어 주기도 하신다. 때로는 그리스도께서 우리에게 성경을 열어 보여 주셔서 이전에는 볼 수 없었던 방식으로 성경 속에서 그분을 보게 됨으로써, 우리의 마음이 '뜨거워지기도' 한다(눅 24:27, 32). 때로 우리는, 영적 맥박이 빨라지고, 심장이 뛰며, 하나님과 사람을 향한 사랑이 불타오르고, 평화와 행복의 감정이 넘치는 것을 느끼기도 한다. 때로 회중 예배의 장엄한 경외감 속에서, 가정에서의 친밀한 교제 속에서, 성만찬 예식에서, 개인적인 기도 시간에, 눈에 보이지 않는 실재에 압도되기도 한다. 그럴 때 시간은 정지되고, 우리는 영원의 새로운 차원에 들어간다. 우리는 잠잠하여, 하나님이 하나님이신 것을 **안다**. 우리는 그분 앞에 엎드려 경배한다.

우리는 이미, 묘사할 수 없는 것을 묘사하려고 애쓰면서 삼위 하나님의 각 위격이 이 일에 참여하시는 것을 보았다. 그리스도인의 경험은 성부, 성자, 성령 하나님을 경험하는 것이다. 진정한 의미에서, 성부와 성자를 배제한 채 독자적인 '성령의 경험'이란 없다. 어느 경우에도, 성령은 자신을 감추는 영이시다. 그분은 자신에게로 주의를 끌려고 하지 않으신다. 오히려 그분은 우리의 마음을 움직이셔서 "아빠! 아버지!"라고 부르게 하심으로써 우리가 하나님과 맺게 된 가족 관계를 증거하신다(롬 8:15-16; 갈 4:6). 그리고 무엇보다도 성령은 그리스도를 영화롭게 하신다. 그분은 밝은 탐조등 같은 빛을 예수 그리스도의 얼굴에 비추신다. 신자들이 예수 그리스도에게 몰두할 때보다 더 성령이 만족하시는 때는 없다. 성령의 오심과 관련된 문맥에서 예수님은 다음과 같이 말씀하셨다.

> 나의 계명을 지키는 자라야 나를 사랑하는 자니 나를 사랑하는 자는 내 아버지께 사랑을 받을 것이요 나도 그를 사랑하여 그에게 나를 나타내리라. (요 14:21)

예수님을 참으로 사랑하는 자, 즉 순종으로 그 사랑을 증명하는 자에게는, 성령을 통해 그가 사랑하는 예수님을 그에게 더 밝히 보여 주시겠다는 이 약속보다 더 큰 상은 없을 것이다. 이 약속이야말로 베드로가 말한 "말할 수 없는 영광스러운 즐거움"을 가져다 준다(벧전 1:8).

내가 지금까지 언급한 이러한 더 깊은 경험들은 '평범한' 것들이라고 불릴 수 있을 것이다. 왜냐하면 그것들은 성경에 의하면 모든 신자에게 어느 정도는 공통적으로 나타나는 확신, 사랑, 기쁨, 평안과 관련되어 있기 때문이다. 만일 자신은 이러한 경험이 아주 낯설다고 말하는 그리스도인 독자가 있다면, 나는 무척 놀랄 수밖에 없다. 그러나 이제 나는 신약성경이 묘사하는 일반적인 그리스도인의 경험의 일부분이 아닌 다른 경험들, 즉 '특이한' 경험들을 다루고자 한다. 때로 성령은 바울에게 주셨던 것, 즉 '주의 환상과 계시'를 신자들에게 주실 수도 있다. 바울은 자신이 "셋째 하늘에…이끌려 가서 말로 표현할 수 없는 말…사람이 가히 이르지 못할 말을 들었[다]"고 했다(고후 12:1-4). 때로, 특히 부흥의 때에, 사람들은 하나님에 대한 매우 이례적인 경험과 그분의 역사를 주장해 왔다. 때로 그리스도인 전도자나 설교자는 하나님이 부르신 특별한 사역을 위해 주어진 초자연적인 능력을 놀랍게 체험하기도 한다. 우리는 아마도 존 웨슬리와 조지 휫필드, 조너선 에드워즈와 데이비드 브레이너드, 무디와 그 밖의 사람들의 전기에서 그러한 체험들을 읽었을 것이다. 성경적인 표현을 사용한다면 우리는 그러한 사람들이 성령으로 '기름 부어졌다'고 말할 수 있을 것이다. 우리는 이 단어를 주의해서 사용해야 한다. 왜냐하면 어떤 의미에서 모든 그리스도인은 성령으로 '기름 부어졌거나' 또는 성령의 '기름 부음'을 받았기 때문이다(고후 1:21, AV; 요일 2:20, 27). 그럼에도 불구하고 성경은 이 단어를 특별한 상황을 가리켜 사용하기도 한다. 예수님은 사역 초기에 이사야 61:1을 자신에게 적용하시면서 "주의 성령이 내게 임하셨으니…전하게 하시려고 내게 기름을 부으시고…"라고 주장하셨다(눅 4:18). 아마도 우리는 아나니아가 다소의 사울을 방문했을 때 사울에게 일어난 일도 같은 방식으로 이해해야 할 것이다. 사울은 그가 보고 들은 일에 대해 모든 사람에게 증인이 되기 위해(행 22:14; 참조. 26:16-18) 성령으로 충만함을 받아야 했다(행 9:17). 이 경험은 바울이 사도로 임명받고 기름 부음 받은 것이었다.

우리는 이 시점에서 그러한 경험들이 매우 다양하다는 것을 눈여겨보아야 한다. 그 경험들의 타당성을 의심하거나 문제를 제기할 의도는 전혀 없다. 내가 염려하는 것은 일부 열성적인 사람들이 모든 사람에게 예외 없이 판에 박힌 어떤 정형(stereotype)을 강요하는 것이다. 그들은 회심에 뒤이어 오는 소위 '성령의 세례'를 주장하며, 이 세례는 특정한 형태를 띠어야 하고 어떤 특정한 표적과 함께 나타나거나 또는 그런 표적이 뒤따른다고 주장한다. 바로 이러한 입장이야말로 성경과 일치하지 않기 때문에 거부해야 한다고 내가 느끼는 것이다. 그러나 우리는 하나의 정형을 그저 다른 것으로 교체하기만 해서도 안 된다! 우리가 말할 수 있는 것은 그리스도인의 삶은 새로운 출생으로 시작되고, 그 출생은 다양한 방식으로 나타날 수 있지만 성령의 '선물' 또는 '세례'를 포함하며, 그 후 영적으로 다양하고 더 깊은 경험들을 포함하는, 성숙을 향한 성장이 뒤따른다는 것이다.

지금까지 이러한 경험들의 다양한 성격을 살펴보았는데, 이제 나는 그것들의 **부차적인 중요성**을 살펴보고자 한다. 그 경험들은 매우 감동적이고 또 흥미로울 수 있다. 그러나 그 어떤 경험도 하나님이 우리에게 자비를 베푸시고 우리를 그분과 화목하게 하신 그 첫 번째 은혜의 사역이 지니는 중요성과 비교될 수 없다. 어떤 그리스도인들은 자신이 체험한 것들을 과장된 언어로 말한다. 그들은 마치 자신이 이전에는 사슬에 묶여 있었다가 이제는 풀려난 것처럼 말하고, 또 이전에는 모든 것이 물 같았는데 이제는 그 물이 포도주로 변한 것처럼 말한다. 그러나 그들은 주관적인 감정을 객관적인 실재와 혼동하고 있는 것이 틀림없다. 왜냐하면 우리가 믿음으로 그리스도와 연합하게 되었을 때 신약성경이 그 사실을 적절하게 묘사할 만한 말을 찾을 수 없을 만큼 엄청난 어떤 일이 우리에게 일어났기 때문이다. 그것은 물론 새로운 출생이다. 하지만 그것은 또한 새로운 창조이자 부활이며, 어둠에서 빛으로 옮겨 온 것이고, 죽음에서 다시 살아난 것이다. 우리는 노예였으나 이제는 자녀가 되었다. 우리는 잃어버린 자들이었으나 이제는 집으로 돌아왔다. 우리는 정죄 받았고 하나님의 진노 아래 있었으나 이제는 의롭게 여김을 받고 그분의 가족에 입양되었다. 중요성 면에서 본다면 어느 후속 경험이 이러한 사실과 비교될 수 있겠는가? 우리는 더 깊은 체험들을 묘사할 때, 중생을 훼손하거나 하나님의 사랑이 하신 최초의 결정적이고 창조적인 사역에 오점을 남기지 않도록 주의해야 한다.

후속적인 경험에 대해 세 번째로 말하고자 하는 것은, 그것들은 모두 **불완전하다**는 것이다. 어떤 사람들은 자기 경험을 이야기하면서 마치 이전에는 자신에게 거의 아무 일도 일어나지 않았을 뿐 아니라 이후에도 다른 일은 일어날 수 없을 것 같은 인상을 준다! 그들은 목적지에 도달한 자들처럼 말한다. 이러한 태도야말로 바울이 다음과 같이 날카롭게 비판했던 고린도 교인들의 자기만족적 모습이었다.

> 너희가 이미 배부르며 이미 풍성하며 우리 없이도 왕이 되었도다. 우리가 너희와 함께 왕 노릇 하기 위하여 참으로 너희가 왕이 되기를 원하노라. (고전 4:8)

그들은 마치 자신들만의 작은 천년왕국을 누리고 있는 것처럼 행동했다! 그러나 그리스도 안에서 하나님이 우리를 위해 행하신 일에 대해 그렇게 강력한 언어로 말한 바로 그 신약성경은 동시에, 우리는 우리가 받을 기업에 이제 겨우 들어가기 시작했을 뿐임을 상기시킨다. 우리는 이 세상에서 더 굶주리고 목말라야 하며, 오로지 다음 세상에서만 더 이상 굶주리지도 목마르지도 않게 될 것을 알아야 한다. 따라서 신약성경에서 우리는 확증과 소망, 만족과 불만족이 동시에 나란히 나타나는 것을 본다. 한편으로 우리는 '즐거워하며' 다른 한편으로는 '탄식한다'(예. 롬 8:23; 고후 5:2). 물론 기쁨이 성령의 열매 중 하나인 것은 사실이다. 하지만 그리스도인의 슬픔이라는 것이 있는 것도 사실이다. 어떤 그리스도인들은 마치 항상 얼굴에 미소를 띠고 있어야 한다고 생각하는 것처럼 말하고 또 그렇게 보인다! 그러나 이와 반대로 우리는 주의 법을 지키지 않는 자들 때문에 "눈물이 시냇물같이 흐르[는]" 구약의 성도에 대해(시 119:136), 또 회개하지 않는 도시 예루살렘을 위해서 우신 주 예수님에 대해(눅 19:41) 그리고 때때로 '눈물로' 편지를 쓸 수밖에 없었던 사도 바울에 대해(예. 빌 3:18) 읽게 된다. 나는 때때로 오늘날 더 많은 그리스도인의 눈물을 볼 수 있었으면 하고 바랄 때가 있다. 또 더 많은 그리스도인들이 세상과 교회 그리고 우리 자신의 마음에 있는 지속적인 죄악으로 인해 괴로워하며 애통해하는 민감한 그리스도인들이 되었으면 하고 바랄 때가 있다. 최후 완성의 그날이 되어야 하나님은 우리의 눈에서 모든 눈물을 닦아 주실 것이다(계 21:4).

권면

이 장을 마치면서 나는, 먼저는 성령의 특별한 현현을 경험하지 못한 우리 자신들에게, 두 번째로는 그러한 경험을 가진 자들에게 그리고 마지막으로는 우리의 경험이 그 무엇이든지 간에 우리 모두에게, 개인적이고 실제적인 권면을 주고 싶다.

첫째, 아마도 비교적 '평범한' 종류의 깊은 경험들은 많이 체험했으나, 성령의 특이한 경험들은 하지 못한 자들에게 말하고자 한다. 우리는 두려움이나 교만 또는 시기심으로 인해 다른 사람들이 주장하는 어떤 경험들의 타당성을 쉽게 의심하거나 부인할 수 있다. 그러나 다른 사람들이 가졌다고 주장하는 것을 우리가 가지지 못했다는 이유만으로 그것을 부인하는 것은 옳지 않다. 우리는 분명히 "범사에 헤아려[야]" 하며 특별히 '영들을 분별해 보아야' 한다(살전 5:21; 요일 4:1). 우리는 또한 어떤 주장들에 대해서는 판단을 보류하는 것이 지혜로운 처사라고 느낄 수 있다. 그러나 동시에, 어떤 사람들이 주장하는 경험들이 성경에 위배되지 않고 그 경험의 열매들이 신자에게 유익하고 교회에 덕을 세우는 것이라면, 우리는 그런 사람들 안에서 일하시는 성령의 특이한 활동을 겸손하게 받아들여야 하며, 적어도 가말리엘이 다음과 같이 말한 내용에 동의해야 할 것이다. "이제 내가 너희에게 말하노니 이 사람들을 상관하지 말고 버려두라. 이 사상과 이 소행이 사람으로부터 났으면 무너질 것이요 만일 하나님께로부터 났으면 너희가 그들을 무너뜨릴 수 없겠고 도리어 하나님을 대적하는 자가 될까 하노라!"(행 5:38-39) 성령이 움직이시는 것처럼 보이는 이 시대에 우리는 모두 그분이 우리 가운데서 말씀하시거나 행하실 수 있는 것들에 대해 민감할 필요가 있다. 우리는 성령의 사역을 마귀에게 돌림으로써 성령을 훼방하지 않도록 주의해야 하며, 또 성령을 우리 자신의 안전하고 전통적인 틀에 가두어 놓으려 함으로써 그분을 소멸하지 않도록 매우 주의해야 한다. 반면에 우리는 또한 그분이 우리 안에서 좀 더 정상적이고 평범한 방법으로 일하시는 것에 대해 죄 된 불만을 드러내서도 안 된다. 비정상적인 경험들이 그리스도인의 성숙에 꼭 필요한 것은 아니다. 우리는 교사이며 증인이신 성령에 대해 우리가 아는 것으로 즐거워해야 하며, 그분이 우리에게 주시는 사랑, 희락, 화평, 능력 안에서 즐거워해야 한다.

둘째, 좀 더 특별한 성령의 사역을 경험한 자들에게 권면하고자 한다. 당신은 물론 하나님이 당신에게 베푸신 크신 은혜에 감사할 것이다. 그러나 성령은 주권적인 영이심을 기억하기 바란다. 그분은 '그분이 뜻하시는 대로' 여러 다른 영적 은사들을 나누어 주실 뿐 아니라(고전 12:11), 그분의 뜻대로 특이한 사역을 행하시기도 한다. 하나님이 당신을 위해 행하신 일들을 당신이 증거하기 원한다는 것은 이해할 만하다. 그러나 나는 당신이 모든 사람의 영적 경험을 정형화하려고 하거나 성령이 당신에게 주신 것을 반드시 다른 사람들에게도 주기 원하신다고 생각하지 않기를 부탁한다. 모든 그리스도인에게 공통적으로 주어지는 것은 영적 **은혜**이지 영적 **은사**나 **경험**이 아니다. 한마디로 말해서 당신의 경험이 당신을 경배와 찬양으로 이끌도록 하라. 그러나 당신이 다른 사람들에게 권면할 때는 경험에 근거하지 말고 성경에 근거해서 권면하기를 부탁한다. 더 분명하게 말하자면, 나는 당신이 사람들에게 회심과 전적으로 구별된 두 번째이며 후속적인 경험으로서 '성령의 세례'를 강조하지 말기를 호소하는 바다. 왜냐하면 그것은 성경에서 증명될 수 없기 때문이다. 그 대신 성경에서 끊임없이 강조하고 있는 것, 즉 우리가 성령을 근심하시게 하거나 성령을 소멸해서는 안 된다는 것(엡 4:30; 살전 5:19)과 오히려 성령 안에서 행하고 성령으로 충만해야 한다는 것을 강조해 주기 바란다(갈 5:16; 엡 5:18). 우리에게 이러한 것들을 강조해 준다면 감사할 것이다.

셋째, 우리의 영적 상태가 어떠하든지 간에 우리 모두에게 권면하고자 한다. 끊임없이 성령으로 충만함을 받고 성령의 인도를 받으며 성령 안에서 행하도록 하자. 이러한 공통적인 기반에 기쁘게 함께 서서 우리 가운데 분열을 막을 수 있지 않겠는가? 한 걸음 더 나아가 우리는 충만함을 받는 주된 조건은 굶주림이라는 것에 동의할 수 있다. 하나님은 주린 자에게 좋은 것으로 채우시고 부자를 빈손으로 돌려보내신다고 성경은 우리에게 말한다. "네 입을 크게 열라. 내가 채우리라"고 그분은 말씀하신다(시 81:10). 이 말은 우리가 이 세상에서 더 이상 주리지 않을 만큼 채움 받을 수 있다는 것을 의미하지 않는다. 물론 하나님은 그리스도 안에서 성령을 통해 우리의 주림을 만족시켜 주시며 우리의 목마름을 해갈해 주신다. 하지만 마침내 "그들이 다시는 주리지도 아니하며 목마르지도 아니하[게]" 되는 것(계 7:16)은 오직 다음 세상에서만 해당된다. 이 세상에서는 굶주림이 해결되어도 또다시 굶주리게 되어 있다. 예수님은 "의에 주리고 목마른 자는 복이 있[다]"(마 5:6)고 하셨다. 그분이 의미하신 것은 의에 주리고 목마른 것은 '심령이 가난한 것'이나 '온유한 것' 또는 '긍휼히 여기는 것'과 마찬가지로 그리스도인의 영속적인 상태라는 것이다. 특이한 경험을 가진 자들이나 그렇지 못한 자들이나 이미 '이르렀다'고 생각해서는 안 되며, 하나님이 우리를 그분으로 더 이상 채우실 수 없을 것이라고 생각해서도 안 된다. 우리는 모두 예수님의 은혜로운 초청을 듣고 순종해야 한다. "누구든지 목마르거든 내게로 와서 마시라." 우리는 예수님께 계속 와서 계속 마시는 법을 배워야 한다. 그렇게 할 때에만 공동 기도서(The Book of Common Prayer)에 나오는 현명하고 균형 잡힌 말처럼 우리는 "하나님의 영원한 나라에 도달할 때까지 매일 성령 안에서 점점 더 자라나게" 될 것이다.

3장

성령의 열매

나는 앞에서 '성령의 열매'에 대해서 몇 번 언급한 바 있다. 이제는 이 말이 무엇을 뜻하는지 더 자세하게 살펴볼 차례다. 이 표현은 바울이 갈라디아 교회에 보낸 서신에 나타나 있다. 바울은 거기서 이렇게 말한다.

> 오직 성령의 열매는 사랑과 희락과 화평과 오래 참음과 자비와 양선과 충성과 온유와 절제니. (갈 5:22-23a)

우리는 그리스도가 베푸시는 이러한 은혜들에 대해 듣기만 해도 구미가 당기고 가슴이 설레는 것을 느끼게 된다. 왜냐하면 이것들은 예수 그리스도의 초상(portrait)이기 때문이다. 그 어떤 사람도 인간으로 오신 그리스도 예수처럼 이러한 자질들을 그토록 균형 있게 또한 그토록 완벽하게 보여 주지 못했다. 그렇기에 바로 이 모습이야말로 모든 그리스도인이 그렇게 되기를 열망하는 그런 사람의 모습이다.

바울이 열거하는 이 아홉 가지 특질들을 분류해 보려는 다양한 시도가 있었다. 하지만 그중 어느 것도 완벽하게 만족스러운 것은 없었다. 더욱이 그러한 시도에는 인위적인 요소를 부과하게 될 위험이 도사리고 있다. 아마도 이 특질들을 세 개씩 묶어서 나누는 것이 가장 간단한 구분일 것이다. 그것들은 그리스도인이 첫째로 하나님, 둘째로 다른 사람들 그리고 마지막으로 자기 자신과 맺는 관계를 묘사한다.

첫째, "사랑과 희락과 화평"은 우리가 하나님과 맺는 관계를 나타낸다. 성령은 하나님의 사랑을 우리 마음(hearts)에 부어 주시고, 하나님의 기쁨을 우리 영혼(souls)에 그리고 하나님의 평화를 우리 생각(minds)에 부어 주신다. 성령 충만한 그리스도인의 삶은 사랑과 희락과 화평이 넘쳐 난다. 참으로 이 열매들이야말로 성령 충만한 그리스도인에게 가장 두드러지고 영속적인 특징이라고 말할 수 있다. 그리스도인은 모든 일을 사랑 가운데 시작하고, 기쁨으로 수행하며, 화평 속에서 성취한다.

둘째, "오래 참음과 자비와 양선"은 우리가 다른 사람들과 맺는 관계를 나타낸다. 여기서 오래 참음은 다른 사람들이 우리에게 보이는 무례함과 불친절을 참고 보복하지 않는 것을 뜻한다. 또 자비는 다른 사람에게 해를 끼치지 않고자 하는 소극적인 관용을 넘어서 모든 사람에게 선을 기원하는 적극적인 선행의 태도를 말한다. 그리고 양선은 그러한 기원을 행동으로 옮기고, 구체적이고 건설적인 방법으로 사람들을 섬기기 위해 솔선수범하는 것이다. 우리는 "오래 참음과 자비와 양선"이 다른 사람들을 향한 우리의 태도가 점점 더 발전해 가는 세 단계라는 것을 쉽게 알 수 있다.

셋째, "충성과 온유와 절제"는 우리가 자신과 맺는 관계를 나타낸다. '충성'이라는 단어는 보통 '믿음'(*pistis*)이라고 번역된다. 그러나 여기에서는 그리스도나 다른 사람들을 의지하는 믿음을 가리키기보다는 오히려 다른 사람들이 우리를 의지하도록 만드는 우리의 신실함을 뜻한다. 더 간단히 말하자면 이것은 신뢰가 아니라 '신뢰할 만함'(trust-worthiness)이며, 언제나 자신의 약속을 지키고 자신의 책임을 완수하는 사람들이 보여 주는 확고한 믿음직함이다. 온유는 부드럽고 약한 사람들의 특징이 아니라, 힘과 에너지를 자제할 줄 아는 강하고 에너지 넘치는 사람들의 특징을 가리킨다. 그리고 절제는 혀와 생각, 식욕과 정욕을 다스리는 것이다.

바로 이것이 그리스도의 초상이며, 따라서 적어도 이상적으로는, 균형 잡히고 그리스도를 닮은 성령 충만한 그리스도인의 초상이다. 우리에게는 이 특질 중 우리 마음에 드는 것을 고르거나 선택할 수 있는 자유가 없다. 왜냐하면 이것들은 함께(마치 송이로 된 과일이나 곡식처럼) '그리스도를 닮은 모습'(Christlikeness)을 이루기 때문이다. 이들 중 어느 것은 계발하면서 다른 것은 무시한다면 한

쪽으로 치우친 그리스도인이 될 수밖에 없다. 다음 장에서 살펴보겠지만 성령은 서로 다른 그리스도인들에게 각각 다른 은사를 주신다. 그러나 그분은 모든 그리스도인이 같은 열매를 맺도록 일하신다. 그분은 우리가 자기 자신은 절제하지 못하면서 다른 사람들을 향해서는 사랑을 나타내는 것에 만족하시지 않는다. 또는 우리가 다른 사람에 대한 자비는 없이 내적인 기쁨과 평화로만 충만한 것도 기뻐하시지 않는다. 또는 우리가 적극적인 양선 없이 소극적인 인내만 가지고 있다든지, 그리스도인으로서 신뢰할 만한 믿음직스러움 없이 온유하고 유순하기만 하다든지 하는 것도 기뻐하시지 않는다. 치우친 그리스도인은 육에 속한 그리스도인이다. 반면 성령 충만한 그리스도인이 나타내는 인격적 특성은 언제나 온전하고 성숙하며 충만하다.

그렇다면 어떻게 이러한 인격적 특성들을 개발할 수 있겠는가? 바로 이 문제야말로 우리가 사도에게 묻고 싶은 질문이다. 바울은, 이 아홉 가지의 특질들이 '성령의 열매'라는 한 가지 표현 속에 다 함께 담겨 있다고 대답한다. 바로 이 은유적인 표현 속에 중요한 진리들이 담겨 있다.

초자연적인 기원

우리가 기억해야 할 첫 번째 진리는 성령의 열매는 그 기원이 초자연적이라는 것이다. 이 점은 사도가 열거하는 이 특질들이 **성령의 열매**라는 것을 보아 분명히 알 수 있다. 성령이야말로 이 열매들을 맺게 하는 장본인이시다. 이 열매들은 성령이 충만하게 하시는 사람들의 삶 속에서 그분이 자라게 하시고 거두시는 수확이다.

이 사실은 또한 본문에서 '성령의 열매'가 '육체의 일'과 의도적으로 대조를 이루는 것을 볼 때 더욱 분명해진다. 바울이 사용하는 '육체'라는 용어는 보통 우리의 뼈를 덮는 물질을 가리키지 않는다. 그보다는 우리 자신 즉 본질적인 우리의 모습으로서, 타락했으며 죄성과 이기심으로 가득 찬 우리 자신 전부를 가리킨다. 반면에 '영'(The Spirit, 한글 개역개정에는 성령으로 번역됨—옮긴이)은 우리의 또 다른 부분, 즉 우리의 영을 가리키는 것이 아니라 하나님의 성령을 가리키는 것으로서, 그분은 그리스도인들 안에 거하시며 그들을 그리스도의 형상으로 변화시키는 일을 하신다. '육체'와 '영'의 이러한 구분을 볼 때, '육체의 일'은 우리가 우리 자신의 자원에만 의지해서 **자연적으로** 행하는 일들을 가리키고, '성령의 열매'는 우리가 성령께 반응할 때 그분이 우리 안에서 **초자연적으로**(왜냐하면 우리의 자연적인 능력을 넘어서는 일이기 때문에) 만들어 내시는 특질들로 이루어진다.

만일 우리가 자신의 힘만 의지한다면 우리에게서 자연스럽게 나타나는 결과는 "음행과 더러운 것과 호색과…술 취함과 방탕함" 따위들이다(19, 21절). 반면에 성령의 초자연적인 열매는 그와 정반대의 것들로서 "충성과 온유와 절제" 등이다. 우리 자신의 힘만 의지한다면 우리는 하나님을 반역하고, "우상숭배와 주술"에 빠지고 말 것이다(20절). 그러나 성령은 우리를 "사랑과 희락과 화평"으로 인도하신다. 그리고 육체의 일은 "원수 맺는 것과 분쟁과 시기와 분냄과 당 짓는 것과 분열함"인 반면, 그에 반대되는 성령의 열매는 "오래 참음과 자비와 양선"이다.

그렇다면 타고난 본성에 따른 우리의 모든 관계는 뒤틀려져 있는 것이 분명하다. 우리는 하나님으로부터 우상에게로 돌이킨 자들이다. 우리는 다른 사람들과 사이가 뒤틀려져서 불화 속에 살아간다. 우리는 자신을 절제하며 살기보다는 탐닉에 빠져 살아간다. 하나님과 다른 사람들과 조화를 이루고 또 자신을 확실하게 절제하며 사는 것, 이것은 하나님 은혜의 초자연적인 역사로서, 바로 '성령의 열매'다.

참으로 (이러한 그리스도인의 특질들의 총화인) 이 열매는 성령의 충만한 내주하심의 가장 훌륭한 증거다(왜냐하면 이 증거는 확실하게 객관적인 것이기 때문이다). 사람들 안에서 하나님의 영이 깊이 역사하시는 진정한 증거는 주관적이고 감정적인 경험이나 굉장한 표적이 아니라 도덕적인 것으로서 그리스도를 닮은 인격적 특질들이다. 여기 굉장한 경험을 자랑하지만 사랑, 희락, 화평, 자비, 절제 등이 결여된 그리스도인이 있다고 하자. 나는 우리 모두가 그의 주장에 무엇인가 잘못된 것이 있음을 볼 것이라고 생각한다. 그러나 여기 자신의 경험이나 은사가 무엇이든지 간에 그 품성을 통해 주 예수의 향기를 느끼게 해 주는 다른 그리스도인이 있다고 하자. 우리 모두는 분명히 그 사람과 함께 있기를 더 원할 것이다. 왜냐하면 우리는 그 사람에게서 하나님의 은혜의 증거와 성령이 거하시는 성전(temple)을 보기 때문이다.

자연적인 성장

우리가 주목해야 하는 다음 진리는 이러한 특질들이 성령의 **열매**라고 묘사된다는 점이다. 제대로 조건이 충족된다면 모든 열매는 자연스럽게 자라나기 마련이다. 물론 우리는 때때로 식물을 일정한 온도가 유지되는 온실의 유리 밑에 가둬 두고 성장을 강요한다고 말할 수도 있을 것이다. 그러나 이 경우 우리가 '강요'라고 말하는 것은 식물이 자연스럽게 자랄 수 있는 조건들을 인공적으로 제공함으로써 그 성장을 촉진시키는 것을 가리킨다. 따라서 성장 과정 자체는 (비록 온실 안에서라 할지라도) 인위적이지 않고 여전히 자연적이다.

사도 바울은 그리스도인의 품성을 '성령의 열매'라고 부름으로써, 그것의 초자연적인 기원(**성령**의 열매)과 자연적인 성장(성령의 **열매**)을 둘 다 가르치고 있다. 이 두 진리를 균형 있게 유지하는 것은 다음과 같은 이유 때문에 특히 중요하다. 거룩한 삶은 성령의 산물이라는 사실 때문에 사람들은 그러한 삶에서 자신이 감당해야 할 역할이 전혀 없다고 생각하기 쉽다. 그러나 성령이 그러한 삶을 그분의 '열매'로 생산하신다는 사실은 곧바로 그러한 성장을 위해 어떤 조건이 갖추어져야 한다는 것과 그 일을 위해 우리가 감당해야 할 책임이 있다는 것을 보여 준다. 왜냐하면 자연적인 것에는 언제나 조건이 따르기 때문이다. 자연적인 과정은 적당한 조건이 주어질 때만 가능하다.

원예에서 배울 수 있는 이러한 교훈은 그리스도인의 성숙에도 똑같이 적용된다. 바울 자신도 갈라디아서 5장에서는 아니지만 6장에서 그러한 적용을 한다. 여기서 우리는 각 본문을 좀 더 넓은 문맥에서 보아야 할 것과, 또 우리가 사용하는 성경의 임의적인 장별 구분에 얽매이지 말아야 할 것을 보여 주는 좋은 예를 대하게 된다. 왜냐하면 5장에서는 바울이 '열매'에 대해 쓰고 있다면, 6장에서는 궁극적으로 모든 열매의 수확을 결정하는 '심는 일'에 대해 말하고 있기 때문이다. 그의 말을 인용해 보자.

> 스스로 속이지 말라. 하나님은 업신여김을 받지 아니하시나니 사람이 무엇으로 심든지 그대로 거두리라. 자기의 육체를 위하여 심는 자는 육체로부터 썩어질 것을 거두고 성령을 위하여 심는 자는 성령으로부터 영생을 거두리라. (6:7-8)

근본적인 원리는 다음의 문구에 나타나 있다. "사람이 무엇으로 심든지 그대로 거두리라." 이것은 하나님의 모든 행위를 지배하는 확고한 원리이며 그분의 일관성을 보여 주는 법칙으로서 물질적인 영역과 도덕적인 영역, 자연과 인간의 품성에 모두 공통적으로 적용된다. 언제나, 예외 없이 우리는 우리가 심는 것을 거둔다. 그러므로 하나님의 이 신실하심으로 인해 우리는 무엇을 심을 것인지를 결정함으로써 우리가 거두게 될 것이 무엇인지를 미리 결정할 수 있다. 만일 귀리를 추수하기 원하는 농부라면 귀리를 심어야 할 것이다. 귀리가 아닌 보리나 밀을 심는 것은 어처구니없는 짓임에 틀림없다. 같은 원리가 인간의 행동에도 적용된다. 만일 성령이 우리의 삶에 좋은 열매를 맺으시려면 우리는 좋은 씨를 심어야 할 것이다. 이 진리를 잘 표현한 오래된 격언이 있다.

생각을 심으면 행동을 거두고,
행동을 심으면 습관을 거두고,
습관을 심으면 성품을 거두고,
성품을 심으면 운명을 거둔다.

우리는 이 사실을 바꿀 수 없다. 바울이 말하는 것처럼 "하나님은 업신여김을 받지 아니하[신다]." 그가 사용한 헬라어 동사는 매우 생생하다. '업신여긴다'는 말은 문자적으로는 누군가를 향해 '자신의 코를 치켜드는 것'을 뜻한다. 바울은 우리가 하나님을 경멸하는 태도로 대하거나 그분이 정해 놓으신 법칙을 멸시할 수 없다고 가르친다. 그러나 어떤 그리스도인들은 많은 시간을 육체를 심는 데 허비하고서는, 성령의 열매를 거두지 못했다고 놀란다. 그들은 하나님을 속이거나 적당히 넘어갈 수 있으며, 그분의 법칙을 자신의 편의를 위해 마음대로 바꿀 수 있다고 생각하는 것은 아닌지?

사도가 말하고자 하는 바를 좀 더 명확하게 생각해 보자. 그는 우리의 성품을 우리가 매일 씨를 뿌리는 밭에 비유한다. 밭은 둘로 나뉘어 있다. 그는 그중 한쪽을 '육체'(우리 자신 또는 본성을 따른 우리의 존재)라고 부르고, 다른 한쪽을 '영'(성령 또는 은혜를 따라 된 우리의 존재)이라고 부른다. 우리는 어느 밭에도 씨를 뿌릴 수 있다. 한 그리스도인은 '그의 육체를 따라 심고', 다른 그리스도인은 '성령을 따라 심는다.' 그 결과 각자 다른 수확을 거두게 된다. 여기서 '심는 것'은 무엇을 뜻하는가? 또 '거두는 것'은 무엇을 뜻하는가?

사도가 '심는 것'으로 의미하고자 한 것은 우리의 생각과 습관, 생활 방식, 삶의 방향과 삶의 훈련 등으로 구성된 전체적인 삶의 패턴인 것 같다. 그것은 우리가 함께 어울리는 사람들, 친구들과 맺는 우정 관계, 읽는 책과 보는 영화나 텔레비전 프로그램, 또 우리가 여가 시간에 하는 활동 그리고 우리의 관심을 끌고 우리의 에너지를 소모시키며 우리의 마음을 지배하는 모든 것을 포함한다. 이 모든 것에 대해, 즉 우리 삶의 전체적인 흐름과, 그보다는 작지만 매일 우리가 선택해야 하는 무수한 사항들에 관해, 우리는 결정을 내려야 한다. 이런 것들을 선택함으로써 우리는 언제나 계속 심고, 심고, 또 심고 있는 것이다. 그리고 무엇을 어디에 심느냐에 따라 우리는 거두어들이게 된다. 바울은 서신서에서 여러 번 반복해서 이 주제로 돌아가는데, 여러 다양한 비유를 사용하여 이 주제를 설명한다. 어떤 곳에서는 옷으로 설명하고(우리가 벗는 것과 입는 것), 어떤 곳에서는 운동선수의 분투를 예로 들어 설명한다(어떤 것은 피하고 어떤 것은 얻기 위해 쫓아가는 것). 또 어떤 곳에서는 삶과 죽음의 문제로 설명하고(우리의 죄 된 욕망과 정욕을 십자가에 못 박아서라도 실제로 죽여야 하고, 그 대신 성령의 인도에 민감하게 반응하며 살아야 하는 것), 어떤 곳에서는 빚을 갚아야 하는 일로 설명한다(우리는 육신이 아닌 성령에 빚진 자라는 것). 하지만 이 모든 비유들이 그리스도인의 **자연적** 성화와 관련하여 무엇보다 강조하는 것은, 우리가 제대로 된 수확을 거두기 원한다면ㅡ적당한 조건이 갖추어져 있음을 전제할 때ㅡ제대로 된 밭에 제대로 된 씨를 뿌려야 한다는 것이다.

그렇다면 무엇을 거둔다는 말인가? 육체를 위해 심으면 '썩어질 것'을 거두게 된다고 사도는 말한다. 이 단어는 불쾌한 말로서, 부패, 부식, 죽음, 썩어 가는 시체 등의 소름 끼치는 이미지를 연상시킨다. 이 말은 이생에서 서서히 악화되어 가는 품성뿐 아니라 아마도 내생에서의 멸망까지 의미할 것이다. 이와는 대조적으로 성령을 위해 심으면 '영생'을 거두게 된다. 다시 말해서 지금 살아 계신 하나님(그분을 아는 것이 영생인 그 하나님, 요 17:3)과 나누는 깊은 교제는 물론, 우리의 상상을 초월하고 우리가 간절히 기다리는—마지막 날에 우리에게 주어질—그분과의 충만한 교제를 누리게 됨을 말한다. 따라서 이생에서 우리의 도덕적 품성은 물론, 내생에서 우리의 궁극적인 운명까지도 우리가 지금 무엇을 심는지와 그것을 어디에 심는지에 달려 있다.

점진적인 성숙

사도가 사용하는 이 '열매'의 비유로부터 배워야 할 세 번째 교훈이 있다. 식물학에 대한 아주 초보적인 지식만 있어도 우리는 하나님이 무르익게 하시는 과정은 천천히 이루어진다는 것을 잘 알 수 있다. 예수님도 곡식에 대한 한 비유에서 다음과 같이 말씀하셨다. "처음에는 싹이요, 다음에는 이삭이요, 그다음에는 이삭에 충실한 곡식이라." 또는 과일이 자라는 것에 대해 우리는 다음과 같이 말할 수 있을 것이다. 처음에는 잎이 나고, 그 후에는 꽃봉오리가 나온다. 꽃이 활짝 피면 과일의 배아(embryo)가 맺히는데, 이 시점에는 아직 딱딱하고 설익어서 먹음직스러워 보이지 않는다. 그러나 이 배아는 차차 커지면서 부드러워지고 과일의 독특한 색깔을 띠기 시작한다. 그리고 마침내 여름이 되면 단물이 줄줄 흐르는 잘 익은 과일이 된다. 이러한 과정은 자연적이고, 조건이 맞아야 하며, 점진적이다. 과수원에서 자라는 과일의 이러한 특성은 성령의 열매에도 그대로 적용된다. 성령은 우리가 거듭날 때 우리의 영혼에 즉각 새로운 생명을 심으신다(그에 앞서 얼마나 오랜 준비 기간이 있었든지 간에). 그러나 그분은 많은 시간을, 아주 오랜 시간을 사용하셔서 이 생명을 성숙한 그리스도인의 성품으로 키우신다.

성화의 점진성에 대한 이러한 강조는 우리로 하여금 지속적으로 죄 된 삶을 살도록 조장하거나, 게으름을 권장하거나, 우리의 기대치를 낮추기 위한 것이 결코 아니다. 오히려 다 익은 열매를 바로 그 자리에서 제공하는 엉터리 정원사들에 대한 경계를 촉구하기 위한 것이다. 왜냐하면 우리가 살아가는 이 시대는 농경 시대가 아니라 기계 문명 시대이기 때문이다. 낫이 아니라 망치가 이 시대의 상징이며, 자동화는 곧 속도를 의미한다. 컴퓨터는 몇 초 만에 당신에게 답을 제공한다. 그러나 성령은 결코 서두르지 않으신다. 성품은 일생에 걸쳐 열매를 맺는다.

하나님의 사역의 점진성을 이해하게 될 때 우리는 열매 맺는 일에서 더 적극적으로 (하늘의 정원사이신) 성령과 협력하게 되고, 좋은 결실을 수확하기 위해 우리가 심는 것에 더 주의를 기울이게 되며, 공적·개인적 경건의 삶의 습관을 위해 자신을 더 훈련하게 될 것이다. 그렇게 할 때 하나님이 주신 이러한 은혜의 수단들을 통해서 우리는 은혜 안에서 자라고 성령의 열매가 우리 안에 풍성히 무르익게 될 것이다.

19세기 초에 케임브리지 대학의 교수이며 교목이었던 찰스 시므온(Charles Simeon)은 하나님이 그를 통해 나타내셨던 지대한 영향력을 오늘날까지 우리에게 미치고 있는데, 그럼에도 불구하고 그는 본성적으로는 혈기가 많고 교만하며 충동적인 사람이었다. 그가 옐링(Yelling)에 있는 동료 복음주의자 헨리 벤(Henry Venn)을 처음 방문했을 때의 모습에 대해 벤의 장녀가 생생하게 묘사한 기록이 있다. 마이클 헨넬(Michael Hennell)은 그때의 일을 다음과 같이 기록하고 있다. "'그의 모습이나 태도보다 더 우스꽝스러운 건 정말 생각할 수도 없을 거예요. 그 우거지상이란 상상을 초월할 정도였지요. 그분이 가시자마자 우리는 모두 서재에 모여서 웃음을 터뜨리고 말았으니까요.' 그러나 아버지는 그들을 정원으로 불러서 초여름이었기 때문에 아직도 푸릇푸릇한 복숭아를 하나 따 오라고 시켰다. 아이들이 모두 의아해하자 그는 다음과 같이 말했다. '그래, 얘들아, 복숭아가 아직은 파랗지. 그러니까 우리는 더 기다려야 한단다. 하지만 태양이 좀 더 빛을 비추고, 몇 번 더 비가 내리면 복숭아는 잘 익어서 달콤하게 되지. 시므온 씨도 마찬가지란다.'"[1] 그리고 그 말대로 되었다. 그는 심은 대로 거두었고, 성령의 은혜의 영향력 아래서 온유하고 겸손하며 사랑이 충만한, 그리스도를 닮

---

[1] Michael Hennell, *John Venn and the Clapham Sect* (London: Lutterworth Press, 1958), pp. 89-90.

은 성품을 지니게 되었다.

적용

나는 '성령의 열매'를 이루는 아홉 가지 그리스도인의 특질들을 열거하고 분류함으로써 이 장을 시작했다. 그리고 단지 이 특질들을 되뇌기만 해도 그리스도인의 영적 식욕을 자극하기에 충분하다고 지적했다. 그렇다. 우리가 "의에 주리고 목마[르며]" "먼저 그의 나라와 그의 의를 구하[는]" 것은 당연하다고 생각한다(마 5:6; 6:33). 우리는 또한 이러한 특질들이 성령의 열매라고 불리게 된 세 가지 이유도 생각해 보았다. 결론적으로, 우리는 그 각각의 이유에서 교훈을 얻을 수 있다.

첫째, 그리스도를 닮은 모습은 그 기원이 초자연적이기 때문에, 우리는 **겸손**과 **믿음**이 모두 필요하다. 다시 말해서 **우리** 스스로는, '육체'의 토양에서 이러한 결실을 맺을 수 없다는 것을 인정하는 겸손과, 그럼에도 불구하고 하나님은 우리 안에 이 성령의 열매를 자라게 하실 수 있음을 믿는 믿음이 둘 다 필요하다. 예수님은 다음과 같이 가르치셨다. "내 안에 거하라. 나도 너희 안에 거하리라. 가지가 포도나무에 붙어 있지 아니하면 스스로 열매를 맺을 수 없음같이 너희도 내 안에 있지 아니하면 그러하리라"(요 15:4). 거룩함은 자신에 대한 절망에서 시작된다. 왜냐하면 그러한 절망에서만 믿음이 태어나기 때문이다. 우리의 "육신에 선한 것이 거하지" 않음을 확신하기 때문에(롬 7:18) 육신을 신뢰하지 않는 것은 성령을 온전히 신뢰하기 위한 필수적인 예비 단계다.

둘째, 그리스도를 닮은 모습은 조건만 갖추어진다면 그 성장이 자연적인 것이기 때문에, 우리에게는 그 조건을 만족시키기 위한 **훈련**이 필요하다. 오직 심은 것만 거둘 수 있다. 따라서 우리는 부지런히 심어야 하며, 생각하는 것(우리의 생각을 선한 것에 고정시키는 것)과 사는 것(특히 매일 하나님의 말씀을 묵상하고 기도하는 것) 둘 다를 위한 훈련된 습관을 개발해야 한다. 자연적인 성장은 조건적인 성장이다. 조건을 충족시키기 위해 세심한 주의를 기울이라. 그러면 성장은 따라오기 마련이다. 우리가 뿌리는 씨를 관리하면 성령은 열매를 책임지신다.

셋째, 그리스도를 닮은 모습은 그 성숙의 과정이 점진적이기 때문에, 기다리는 **인내**가 필요하다. 원한다면 그것을 '조급한 인내'라고 불러도 좋을 것이다. 왜냐하면 내가 의미하는 인내는 자기만족이 아니기 때문이다. 그러나 정원사, 농부, 밭에 가까이 사는 농촌 사람이라면 누구나 인내가 필요하다는 것을 알고 있다. 하나님이 정하신 계절의 순서나 성장 법칙을 바꾸려고 해 봤자 아무 소용이 없다. 비록 문맥은 다르지만 야고보도 다음과 같이 썼다. "농부가 땅에서 나는 귀한 열매를 바라고 길이 참아 이른 비와 늦은 비를 기다리나니"(약 5:7). 그는 주의 오심을 인내하며 기다리라고 권면한다. 하지만 그는 성령의 열매를 인내하며 기다리는 것에 대해서도 같은 비유를 사용했을 것이다. 우리는 이미 살펴본 것처럼 필요한 조건을 충족시켜야 한다. 그리고 그 후에는 '주님을 기다리며' 열매가 익을 것을 기대하는 마음으로 그분을 바라보아야 한다. 그러면 마침내 추수할 때가 오고, 이생에서는 잘 익은 그리스도인의 성품을 그리고 내생에서는 그리스도를 온전히 닮은 모습을 거두게 될 것이다.

4장

성령의 은사들

우리는 그동안 성령에 대해 공부하면서 그분이 신자 개개인 안에서 역사하시는 측면에 초점을 맞춰 왔다. 그리스도인은 새로운 삶을 시작할 때 먼저 성령의 '선물' 또는 '세례'를 받는다. 그 후로는 계속해서 더욱 풍성하게 성령 충만을 받기를 추구해야 하며, 그 결과로 성령의 열매가 삶에서 무르익어 나타나게 된다. 마찬가지로 성령의 은사들도 교회의 건강한 성장을 위해 사용되도록 그리스도인 개개인에게 주어진다.

신약성경의 저자들은 교회에 대해서 쓸 때, 종종 교회의 통일성과 다양성을 대조시킨다. 이 두 가지는 모두 성령의 사역의 결과다. 교회는 하나인데 그 이유는 한 성령이 모든 신자 안에 거하시기 때문이다. 또한 교회는 다양한데 그 이유는 한 성령이 모든 신자에게 각각 다른 은사들을 나누어 주시기 때문이다. 따라서 성령의 선물(하나님이 우리에게 선물로 주신 성령)은 교회의 통일성을 이루고,

성령의 은사들(성령이 우리에게 주시는 선물)은 교회의 사역을 다양하게 만든다. 하나님의 영뿐 아니라 하나님의 은혜에 대해서도 똑같은 진리가 적용된다고 할 수 있다. 교회는 그 통일성의 근거를 '카리스'(charis, 은혜)에, 그 다양성의 근거를 '카리스마타'(charismata, 은혜의 은사들)에 두고 있다.

신약성경에는 성령의 은사들을 열거하는 본문이 네 군데 있다. 그중 가장 유명한 본문은 고린도전서 12장에 나온다. 로마서 12:3-8도 마찬가지로 중요하다. 이보다는 짧은 목록들이 에베소서 4:7-12과 베드로전서 4:10에 나온다. 이 본문들과 성경의 또 다른 부분에서 우리는 영적 은사들의 특성을 발견하려고 노력해야 한다. 다시 말해서, 얼마나 많은 은사가 있는지, 그 은사들과 타고난 재능과의 관계는 어떤 것인지, 모든 은사가 다 기적적인 것인지, 오늘날에는 어떤 은사들이 존재하는지, 그 범위(누구에게 주어지는지)와 출처(누구로부터 주어지는지) 그리고 그 목적(무엇을 위해 주어지는지) 등을 발견해야 할 것이다.

영적 은사들의 특성

고린도전서 12:4-6에서 우리의 논의를 시작하는 것이 가장 좋을 것 같다. 바울은 다음과 같이 쓰고 있다.

은사는 여러 가지나 성령은 같고 직분은 여러 가지나 주는 같으며 또 사역은 여러 가지나 모든 것을 모든 사람 가운데서 이루시는 하나님은 같으니 각 사람에게 성령의 나타내심은 유익하게 하려 하심이라.

사도의 목적은, 비록 은사는 다양하지만 그것을 주시는 분은 오직 한 분이심을 강조하는 것이다. 그는 이 진리를 세 번이나 기술하고 있는데, 매번 은사들을 삼위일체 하나님의 각각 다른 위격과 연관시킨다("성령은 같고" "주는 같으며" "하나님은 같으니"). 그는 또한 그 은사들을 나타내기 위해 세 개의 다른 단어를 사용한다. 첫째(4절)는 '카리스마타'로 하나님의 은혜의 선물이다. 둘째(5절)는 '디아코니아이'(*diakoniai*)인데, 이 말은 봉사의 여러 형태를 가리킨다. 셋째(6절)는 '에네르게마타'(*energēmata*)로서 에너지, 활동 또는 능력을 말하는데, 이것은 같은 하나님이 모든 성도 안에서 '에너지를 공급하시거나' '영감을 불어넣으시는 것'('에네르곤', *energōn*)이다. 그리고 각 그룹에는 '여러 가지' 또는 '여러 분배'('디아이레세이스', *diaireseis*)가 있다. 이 세 단어를 함께 묶는다면, 우리는 성령의 은사들을 다음과 같이 정의할 수 있을 것이다. "성령의 은사들은 사람들이 특정하게 각자에게 맞는 봉사의 일을 하는 데 적합하도록 하나님이 그분의 은혜와 능력으로 부여하신 일정한 재능들이다." 따라서 성령의 은사 또는 '카리스마'는 재능만을 의미하거나 사역이나 직분만을 의미하지 않고, 사역을 감당할 수 있게 해 주는 재능을 말한다. 더 간단히 말한다면, 그것은 어떤 은사와 그 은사를 발휘할 수 있는 역할을 가리키거나 아니면 어떤 역할과 그 역할을 감당할 수 있게 해 주는 은사를 가리킨다.

우리는 이제 이 은사들과 관련된 몇 가지 질문을 던질 준비가 되었다. 이 질문들은 은사의 성격에 대한 이해를 증진시켜 줄 것이다.

얼마나 많은 다양한 은사들이 존재하는가?

어떤 그리스도인들은 주로 세 가지 은사, 즉 '방언과 예언과 병 고치는 은사'에만 관심을 갖고 있는 듯이 보인다. 그러나 분명히, 호기심을 자극하는 이 세 가지 은사들 외에도 다른 많은 은사들이 있다. 나는 『성령의 아홉 가지 은사들』이라는 제목의 책과 소책자를 본 적이 있다. 그 책의 저자가 성령의 아홉 가지 열매와 병행시키고자 성령의 은사를 아홉 개로 국한시키려고 한 동기는 이해하지만, 그러나 은사의 수를 그렇게 제한하는 것은 잘못이다. 물론 고린도전서 12장의 초두에 나오는 목록에는 아홉 가지 은사가 열거되어 있는 것이 사실이다. 그러나 같은 장의 말미에 나오는 두 번째 목록에는, 거기에도 아홉 가지 은사가 열거되어 있지만, 그중 다섯 가지 은사만 앞의 목록과 일치할 뿐이다. 따라서 고린도전서 12장만 보더라도 열세 개의 은사가 나타난다. 그리고 로마서 12장에는 일곱 개의 은사가 기록되어 있고(그중 다섯 개는 고린도전서의 두 목록에는 나오지 않는다), 에베소서 4장에는 다섯 개(그중 두 개는 새로운 것이다)가 나오는 반면, 베드로전서 4장에는 두 개의 은사가 나오는데, 그중 하나("누가 말하려면")는 앞의 목록들에서 특별하게 언급된 적이 없는 은사다. 이 다섯 가지 목록을 비교해 볼 때, 한쪽 목록의 어느 은사가 다른 쪽의 어느 것에 해당하는지가 항상 분명한 것은 아니다. 하지만 신약성경에는 모두 합쳐서 스무 개 이상의 은사가 나온다는 점은 거의 확실하다.

더욱이 이 다섯 목록을 합친 것이 성령의 모든 은사를 다 망라한 것이라고 보아야 할 이유도 없다. 우리는 이미 같은 장(고전 12장)에 나오는 두 목록에도 고작 다섯 개의 은사만 중복되고 각 목록마다 새로운 은사가 네 개씩 나오는 것을 살펴보았다. 그리고 에베소서의 목록에는 고린도전서 12장의 두 목록 어느 쪽에도 속하지 않은 두 개의 새로운 은사가 나오는 것을 보았다. 이 다섯 목록에 전부 나오는 은사는 하나도 없으며, 열세 개의 은사는 그중 한 가지 목록에만 나온다. 이로 볼 때 이 목록들에 나오는 은사들은, 훨씬 더 많은 전체에서 제한된 일부를 골라낸 것을 보여 주는 것처럼, 마구잡이로 열거되어 있는 듯한 인상을 준다.

그 외에도 우리는 역사나 경험을 통해서 성령께서 성경의 목록에 나오지 않는 은사들을 사람들에게 주셨다는 것을 알고 있지 않은가? 찬송 작사가 찰스 웨슬리의 능력은 복음 전도자였던 그의 형 존 웨슬리의 은사에 못지않은 '카리스마'라고 할 수 있지 않겠는가? 그리고 복음성가 가수들, 기독교 시인들 그리고 기독교 문학, 작곡, 방송이나 텔레비전 등의 영역에서 뛰어난 영적 은사(나는 그러한 재능들을 다른 말로는 표현할 수 없다)를 가진 사람들에 대해서 우리는 무엇이라고 말해야 하겠는가? 다시 돌아가서 살펴본다면, 다섯 목록 중 오직 한 곳에만 '복음 전하는 자'가 나온다. 이 은사는 어떤 형태로든지 전도하는 사람들을 모두 가리키는 포괄적인 은사를 말하는가? 아니면, 하나님이 주신 다양한 전도의 은사들에 대한 경험을 통해 우리는 전도에도 여러 종류의 은사가 있다는 것, 즉 대규모 전도 집회를 이끄는 은사와 가정 전도의 은사 또는 우정 전도, 간헐적인 접촉을 통한 전도, 설명식 전도, 문서 전도, 그 외에도 다양한 종류의 전도를 위한 은사들이 있다는 것을 알 수 있지 않은가?

나는 깊은 영적 체험에 대해서처럼 영적 은사들에 대해서도 감히 다음과 같이 제안하고자 한다. 우리의 하나님은 풍부하고 다채로운 다양성의 하나님이시다. 우리의 인간적인 성향은 하나님을 우리 자신이 만든 인위적인 틀 안에 제한하고자 하고, 그분을 '테이프로 붙여서 고정시키려고 하며', 또 경험이나 사역 양쪽에서 융통성 없는 정형(stereotype)을 만들어 내려 한다. 그러나 창조의 하나님은 끝없이 다양한 매혹적인 피조물들을 만드셨고, 인간 내에서도 인종적으로나 기질적으로 복잡하게 얽힌 패턴을 만드셨다. 성경은 구속의 하나님도 같은 분으로 제시한다. 그분의 구원의 지혜는 '다채로운 것'(polupoikilos, 엡 3:10, 한글 개역개정에는 '각종'으로 번역되어 있음—옮긴이)으로 묘사되고 있다. 그리고 접두사만 제외한 같은 단어가 영적 은사들을 베푸시는 그분의 은혜에도 적용되고 있다. 우리는 우리가 받은 은사를 "하나님의 여러 가지 은혜를 맡은 선한 청지기같이" 사용해야 한다는 권면을 듣는다(벧전 4:10, poikilos, '다채로운' 또는 '얼룩진'). 이 단어는 대리석이나 수놓은 천, 동양식 양탄자를 묘사할 때 쓰였다. 하나님의 은혜는 마치 정교한 태피스트리 같고, 영적 은사들의 풍부한 다양성은 그 전체적 아름다움을 만들어 내기 위해 여러 색깔로 된 여러 실들이 섞여서 짜여진 것과 같다고 할 수 있다.

"얼마나 많은 다양한 은사들이 존재하는가?"라는 우리의 처음 질문에 대한 대답으로 다음과 같이 말할 수 있을 것이다. "적어도 신약성경에 명기된 스무 가지의 은사가 있으며, 다양성을 사랑하시고 후히 주시는 분인 살아 계신 하나님은 그보다 훨씬 더 많은 은사들을 주실 수 있다." 바울은 이 주제를 소개하면서 여러 번 반복해서 말함으로써 이러한 사실을 강조한다. 성령은 한 분이시지만 은사는 **여러** 가지고, 직임도 **여러** 가지며, 역사도 **여러** 가지라고 그는 쓰고 있다(고전 12:4-6).

영적 은사와 타고난 재능의 관계

영적 은사와 타고난 재능과의 관계는 어떠한가? 어떤 사람들은 관계가 '전혀 없다'고 대답하는가 하면 또 어떤 사람들은 이 둘 사이에 분명한 차이가 전혀 없는 것처럼 말하거나 글을 써 왔다. 이 두 입장은 모두 극단적인 것 같다. 영적 은사와 타고난 재능 사이에는 틀림없이 뭔가 분명한 차이가 있다. 왜냐하면 창조와 섭리의 하나님이 모든 사람에게 재능을 주시는 것은 사실이지만(그러기에 우리는 사람들이 예술적인 '은사'나 음악적인 '은사'를 가졌다고 말하기도 하고, 또는 '천부적인 은사를 타고난' 사람이라고 말하는 것이다), 새 창조, 즉 교회의 하나님은 그분의 구속받은 자녀들에게만 '영적 은사들'을 주시기 때문이다. 그리스도의 몸의 지체들을 구별하는 것은 영적 은사이며, 몸의 각 지체는 서로 다른 은사나 기능을 갖고 있다. 그럼에도 불구하고 우리는 그러한 사실로부터 영적 은사와 타고난 재능 사이에 전혀 연관성이 없다는 결론을 쉽게 내려서는 안 된다. 거기에는 몇 가지 이유가 있다.

첫째, 창조의 하나님과 새 창조의 하나님은 같은 분으로서, 그분은 그 둘 모두를 통해 그분의 온전한 뜻을 이루어 가신다. 이 하나님의 뜻은 영원하다. 하나님은 예레미야를 선지자로 부르실 때 그에게 이렇게 말씀하셨다. "내가 너를 모태에 짓기 전에 너를 알았고 네가 배에서 나오기 전에 너를 성별하였고 너를 여러 나라의 선지자로 세웠노라"(렘 1:5). 바울도 자신이 사도로 부름을 받은 것에 대해 같은 확신을 가지고 있었다. 그는 자신에게 아들을 나타내신 하나님은 "내 어머니의 태로부터 나를 택정하시고 그의 은혜로 나를 부르신 이"였다고 말한다(갈 1:15-16). 이 두 구절은 부르심의 시기를 나타낼 뿐 아니라 예레미야나 바울의 탄생 이전에 하나님이 장차 그들에게 일어날 일들을 이미 알고 계셨음을 보여 주고 있음을 주목하라. 여기서 강조되는 것은 그들의 탄생 이전에 하나님이 후에 그들을 불러서 맡기실 사역을 위해 그들을 이미 성별 또는 구별해 놓으셨다는 것이다. 그렇다면 그들 삶의 전반부와 후반부 사이에 전혀 연결점이 없다고 우리가 분명히 말할 수는 없지 않겠는가? 오히려 하나님이 그들을 부르시기 **전**에 이미 그들에게 실제로 자질들을 주셨고(현대 용어로 표현하자면 유전적인 조건이라고 할 수 있는), 그 자질들은 그들이 부르심을 받은 **후**에 비로소 그들에게 나타나서 쓰이게 되었다고 보는 것이 성경의 하나님이 일하시는 모습과 더 부합한다고 할 수 있지 않겠는가? 하나님은 그들 삶의 전후반부에서 모두 활동하셨으며, 그 둘을 완전하게 짜맞추셨다. 이와 비슷하게, 성경의 모든 저자들은 그들의 기질, 성장, 경험에서 하나님의 섭리에 의해 먼저 준비되었다가 그 후에 그들의 됨됨이에 전적으로 부합하는 메시지를 전달하도록 성령의 영감을 받았던 것이다.

만일 누군가가 선지자와 사도들의 경우는 오늘날의 평범한 그리스도인들의 경우와 반드시 같지 않을 수도 있다고 반론을 제기한다면, 나는 성경은 오히려 그러한 반론과는 반대로 가르친다고 답변하겠다. 왜냐하면 우리 각 사람을 위한 하나님의 은혜로우신 목적은 영원하기 때문이다. 그 목적은 '영원 전부터' 그리스도 예수 안에서 작정되었고 우리에게 '주신' 것이다(딤후 1:9, 문자적 번역). 하나님은 "창세전에" 우리를 택하셔서 거룩하고 흠이 없게 하시려고 예수 그리스도로 말미암아 우리를 그분의 자녀로 삼으실 것을 예정하셨다(엡 1:4-5). 그리고 우리는 그리스도 안에서 선한 일을 위하여 지음 받았는데, 그 일은 바로 "하나님이 전에 예비하[신]" 것이다. 하나님이 시작하실 때부터 마지막을 계획하셨다는 이 근본적인 진리는 우리가 자연과 은혜 사이에, 우리의 회심 이전과 이후 사이에, 연속성이 없다고 쉽게 결론짓지 말아야 한다는 것을 경고한다.

타고난 재능과 영적인 은사가 연관성이 있다고 볼 수 있는 두 번째 이유가 있다. 몇 가지 '카리스마타'는 기적적인 것이 아닐 뿐 아니라 오히려 지극히 평범한 것들이다. 그것들은 물질적인 속성을 지닌 영적 은사들이다. 아마도 그러한 은사들의 가장 분명한 예를 찾는다면 바울이 로마서 12장에 기록한 목록의 마지막 세 가지를 들 수 있을 것이다.

구제하는 자는 성실함으로, 다스리는 자는 부지런함으로, 긍휼을

베푸는 자는 즐거움으로 할 것이니라. (롬 12:8)

앞의 예들이 '카리스마타'의 범주에 속한다는 것은 의심의 여지가 있을 수 없다. 그 단어 자체는 6절 초반부에 나온다. 여기에 나오는 목록 전체는 로마서 12장에서처럼 "한 몸에 많은 지체"라는 은유(4-5절) 밑에 나온다. 그리고 로마서 12장의 목록에 나오는 일곱 가지 은사는 전부 거의 동일한 패턴을 따라 제시되고 있다.

그렇다면 이 마지막 세 은사는 무엇인가? 이 셋 중에서 가운데 것은 헬라어의 원뜻을 따를 때 그 의미가 불분명하다. 그것은 '도움을 주는 사람'(RSV)을 의미할 수도 있지만, '다스리는 사람' 또는 '이끌어 가는 사람'을 의미할 수도 있으며, 따라서 데살로니가전서 5:12이나 디모데전서 5:17에 나오는 교회의 지도자들과 장로들을 가리키는 데 쓰이기도 한다. 그러나 나머지 두 은사는 의미가 아주 분명하다. 하나("구제하는 자")는 돈을 주는 것을 가리키는데, 특별히 에베소서 4:28에서처럼 "가난한 자"에게 주는 것을 말한다. 다른 하나는 "긍휼을 베푸는 자"다. 물론 신자가 아닌 사람들도 도움이 필요한 사람들에게 돈을 주거나 긍휼을 베풀 수 있다(또 베풀고 있다). 그렇다면 어떤 의미에서 이러한 역할들을 하나님이 자기 백성들에게만 주시는 '영적 은사'라고 여길 수 있겠는가? 논의의 대상이 되고 있는 은사 중 하나가 회심 후에 갑자기 돈벼락을 맞는 것이라고 보기도 어렵지 않은가! 물론이다. 나는 그 은사를 가진 사람이 회심하기 전에 이미 자원(줄 수 있는 돈과 섬길 수 있는 능력)을 가지고 있었을 것이라고 보는 견해에 우리 모두가 동의하리라고 생각한다. 그렇다면 무엇이 새로운가? 타고난 자질을 영적인 은사로 바꾸어 놓는 요인은 그 **목적**(그들이 줌으로써 이루고자 하는 목적)과 **동기**(그들을 이끌어 가는 동인)에 있음이 분명하다. 어쨌든 바울이 강조하고 있는 것은 바로 이것들이다. 불평이나 마지못해 하는 태도를 가져서는 안 된다고 그는 말한다. 구제하는 자는 자신의 은사를 '관대함으로' 발휘해야 하고(8절, 문자적 의미), 긍휼을 베푸는 자는 '즐거움으로' 해야 한다.

회심 전의 타고난 재능과 회심 후의 영적 은사 사이에 존재하는 것과 유사한 연관성은, 바울이 로마서 12장의 초두에서 언급하는 두 가지 '카리스마타', 즉 "가르치는 자"(7절)와 "위로하는 자"(8절)에도 나타난다. '가르치는 것'이 의미하는 바는 분명하다. 그러나 '위로하다'('파라칼레오', *parakaleō*)는 동사는 '구걸하다' 또는 '간청하다'에서부터 '격려하다' '위안하다' '위로하다'에 이르기까지 다층적인 의미를 지니고 있다. 이 두 동사는 공적으로 말하는 사역의 서로 다른 두 측면, 즉 한편으로는 교훈을 주는 것과 다른 한편으로는 권면하는 것을 가리킨다고 할 수 있다. '권면'('파라클레시스', *paraklēsis*)은 분명히 연설(행 13:15)이나 글(히 13:22)을 통해서 공식적으로 주어질 수도 있다. 그럼에도 불구하고 '파라클레시스'는 그보다 더 넓은 개념으로서, 개인적인 우정이나 동정, 사랑 등이 가져다주는 격려와 위로를 포함한다. 물론 비그리스도인들도 교훈과 격려를 베푼다. 세속적인 세상에서 우리는 (흔히 사용하는 표현처럼) '타고난 교사'라든지, 또는 이해심이나 친근한 느낌, 또 타인에 대한 민감성 등을 갖춘 사람들을 만난다. 그들은 그러한 좋은 자질들을 가지고 그들이 만나는 사람들의 기운을 북돋아 주고, 또 그들을 격려해 준다. 그렇다면 비그리스도인 교사나 격려자들과 이러한 영적 은사를 가진 그리스도인들의 차이점은 무엇인가?

자연의 하나님과 은혜의 하나님에 대해 우리가 이미 말한 내용에 비추어 볼 때, 회심 전에는 가르치는 직업에 종사하지 않았던 그리스도인에게 하나님이 가르치는 영적 은사를 주신다든지, 또는 기질적으로 동정심이 부족하거나 친절하지 못한 형제자매에게 위로의 은사를 주신다는 것은 왠지 처음부터 그럴 개연성이 없다는 느낌이 들지 않는가? 물론 하나님께 불가능한 것은 없다. 그러나 하나님이 주시는 영적 은사는 그분이 주시는 타고난 재능과 잘 들어맞을 것이라고 생각하는 것이, 영원한 목적을 가지고 계신 성경의 하나님과 더 조화를 이루지 않겠는가? 예를 들면, 자신의 땅을 팔아 바치고(37절) 또 개인적인 우정을 통해(행 9:26-27; 11:25-26) 자신의 독특한 사역을 감당했던 바나바(행 4:36)와 같은 '위로자'는, 적어도 창조에 의해 그러한 잠재적 가능성을 이미 가지고 있던 사람이었다고 말할 수 있지 않겠는가?

이렇듯 가르치는 은사와 위로하는 은사의 경우에는, 이미 드러나 있거나 아니면 잠재해 있던 타고난 자질들이 강화되고 증대되고 '기독교화되는 것'에서 그 특색들을 찾아야 한다. 따라서 회심 전에도 이미 재능 있는 교사였던 사람이 회심한 후에 가르침의 '카리스마'를 받고 더욱 통찰력과 명료함 그리고 적실성을 가지고 가르칠 수도 있을 것이다. 또 천성적으로 동정심이 많은 사람이 회심 후에 '위로'의 영적 은사를 받아서, 그의 기독교적 교훈(예. 살전 4:18; 딛 1:9)과 기독교 신앙의 따스함과 능력으로, "그리스도 안에…권면"(빌 2:1)과 같은 특별한 기독교 사역을 감당할 수 있을 것이다. 여기 뒷부분에 열거한 모든 성경 구절들에는 '파라칼레오'나 '파라클레시스'라는 단어가 나타난다.

이 모든 성경의 증거들은 타고난 재능과 영적인 은사 사이에 너무 분명한 경계선을 그어서는 안 된다는 것을 우리에게 경고한다. 17세기에 존 오웬(John Owen)은 자신의 명저 『성령론 또는 성령에 관한 강론』(*Pneumatologia, or, A Discourse Concerning the Holy Spirit*)에서 두 종류의 성령의 은사를 구별했는데, 그것은 "인간 지성의 모든 능력과 기능을 뛰어넘는 것과 인간 지성의 기능을 비상하게 증가시킨 것"이다.[1]

---

[1] John Owen, *Pneumatologia, or, A Discourse Concerning the Holy Spirit*, 4th ed (London: Richard Baynes, 1835), p. 310.

모든 영적 은사는 기적적인 은사인가?

어떤 사람들은 이 질문에 놀랄 것이다. 왜냐하면 그들은 모든 '카리스마타'가 기적과 관련되어 있다고는 전혀 생각해 본 적이 없기 때문이다. 그렇지만 이 질문은 짚고 넘어갈 필요가 있다. 왜냐하면 요즘 어떤 사람들은 '카리스마적'이라는 말을 '기적적인'이라는 말과 거의 동의어처럼 사용하는 듯한 인상을 주고 있기 때문이다.

앞의 질문에 대해서는 이미 우리가 말한 것을 반복하는 데서 시작해야 한다. 즉 어떤 은사들은 기적적인 것과는 거리가 멀며, 무척 평범하고 심지어는 단조롭게 보인다는 것이다. 가르치는 은사나 위로하는 은사, 구제하는 은사나 긍휼을 베푸는 은사는 기적적인 것과는 거리가 멀다. 또한 "지혜의 말씀"이나 "지식의 말씀" 또는 "믿음"(고전 12:8-9) 등도 그 용어만 보아서는 그것들이 기적적이거나 기적을 포함한다고 보아야 할 명백한 이유가 없다. 본문이나 문맥은 그렇게 볼 만한 아무 이유도 제시하지 않는다. 오히려 지혜나 지식의 은사인 경우는 (그것들을 표현하는 은사와 더불어) 그 은사들이 특별히 많이 주어진 것으로 보고, 또 믿음의 경우는 칭의나 성화를 위한 것이 아니라 구체적인 사역을 위해서 주어진 특별한 강도의 믿음을 말한다고 보는 것이 자연스러운 해석일 것이다. 구약성경에서 예를 든다면 솔로몬은 지혜의 은사를 받았고, 히브리서 11장에 나오는 영웅들은 믿음의 은사를 받았다.

그리고 바울과 베드로는 둘 다 '섬기는 것'을 영적 은사로 보았다(롬 12:7; 벧전 4:11). 여기에 쓰인 단어는 '디아코네오'(*diakoneō*)로서 목회 사역이나 일상 사역(이것일 가능성이 더 크다) 등 어떤 종류의 사역이든 지칭할 수 있는 말이다. '호 디아코논'(*ho diakonōn*)은 식사 때에 시중드는 사람을 말하는데(눅 22:26-27), 같은 단어가 마르다가 하던 집안일에 대해서도 쓰였다(눅 10:40). 다음으로, 바울은 고린도전서 12:28에서 RSV가 '서로 돕는 것'(*antilēmpseis*)과 '다스리는 것'(*kubernēseis*)으로 번역한 '두 카리스마타'를 언급한다. 처음 단어는 신약의 다른 곳에는 나오지 않는다. 그러나 '도움' 또는 '돕는 행위'로 정확하게 번역되었다. 이것은 '봉사'와 같은 의미를 지닌 또 하나의 일반적인 단어인 것 같다. 반면에 '퀴베르네세이스'는 '행정'을 의미한다. 아른트-깅그리치 어휘 사전(Arndt-Gingrich Lexicon)은 "복수형은 교회에서 지도적인 위치를 담당하는 능력을 가지고 있었음을 보여 준다"는 부연 설명을 달고 있다. 같은 어원을 가진 단어 '퀴베르네테스'(*kubernētēs*)는 배의 '키잡이' '수로 안내인' 또는 '선장'을 가리키는 말로서(행 27:11), 고전 헬라어에서는 예를 들면 도시의 시장과 같이 세속적인 지도자의 위치에 있는 사람들을 은유적으로 가리켰다. 이로써 볼 때 '퀴베르네세이스'는 사람들을 인도하거나 다스리는 은사를 의미하며, 교회 프로그램의 한 부분을 책임지는 조직적인 능력이나 회의를 주재함으로써 지혜롭게 위원회를 '조정해 가는' 지도력을 포함하는 것이라고 볼 수 있다.

그렇다면 기적적인 은사들에 대해서 우리가 말할 수 있는 것은 무엇인가? '기적을 행하는 것'이나 '기적을 행하는 자'는 모두 기적과 연관되어 있음을 보여 준다. 마찬가지로 '병 고치는 은사'나 '병 고치는 자' 그리고 '여러 종류의 방언'과 '방언 통역'도 같은 범주에 든다고 할 수 있다(고전 12:9-10, 28-29). 이러한 은사들을 기적적인 것으로 간주한다면, 오늘날에도 그 은사들이 주어지는가? 사람들이 이 문제에 대한 해답을 얻기 위해 기적에 대한 성경적인 가르침에 대해서는 숙고해 보지도 않은 채 단순히 "예"나 "아니요"로 쉽게 답하는 것은 이상한 일이다. 나는 "예"나 "아니요" 식의 순진한 답변은 둘 다 극단적인 입장이라고 생각한다. 먼저, "오늘날에는 기적이 일어나지 않는다"라거나 (더 심하게는) "기적은 일어날 수 없다"라는 주장을 하면서 독단적으로 "아니요"라고 답하는 것은 성경을 믿는 그리스도인들이 받아들일 수 없는 입장이다. 우리가 믿는 하나님은 자유로우시며 우주를 주관하시는 절대 주권을 가지신 창조주이시다. 그분은 능력의 말씀으로 만물을 붙드신다. 모든 자연은 그분께 복종한다. 그분은 기적을 행하실 수 있을 뿐 아니라 지금까지 **행해** 오셨다. 우리가 누구이기에 그분의 능력을 제한하며, 그분에게 어떤 것은 하실 수 있고 어떤 것은 해서는 안 된다고 말할 수 있단 말인가?

하지만 이와 반대되는 입장 역시 마찬가지로 견지될 수 없다. 이 입장의 극단적인 형태는 하나님이 하시는 거의 모든 일이 기적적이라는 견해를 취한다. 그러나 기적은 그 정의상 비범한 사건으로, 하나님이 정상적으로 자연스럽게 일하시는 방법에서 창의적으로 이탈하는 것을 말한다. 그러나 어떤 그리스도인들은 하나님의 활동을 오로지 기적적인 사건들에서만 찾는다. 그들은 하나님을 마술사 같은 존재로 둔갑시킨다. 우리 모두는 초자연이 아니라 자연 안에서 그리고 기적이 아니라 역사 안에서 우선적으로 일하시는 살아 계신 하나님에 대한 성경적인 계시를 바로 인식해야 한다. 이것은 긴급한 일이다. 하나님은 인간 나라를 다스리시는 지극히 높은 분이며(단 4:32), 그분께는 "열방이 통의 한 방울 물과 같고 저울의 작은 티끌 같으며 섬들은 떠오르는 먼지"(사 40:15) 같을 뿐이다. 또한 하나님은 "이를 낮추시고 저를 높이시[는]"(시 75:7) 재판장이시다. 태양을 떠오르게 하고 비를 내리는 분도 하나님이시며(마 5:45), 계절의 주기를 유지하고(창 8:22; 행 14:17), 바다의 파도를 다스리며(시 89:9), 공중의 새를 먹이고 들의 꽃들을 입히며(마 6:26, 30), 사람의 호흡을 주장하시는 분(단 5:23)도 하나님이시다.

이렇게 역사와 자연을 통해 쉬지 않고 일하시는 살아 계신 하나님을 보기 시작하면 우리는, (예를 들어) 아무 수단도 사용하지 않든 아니면 물리적·심리적·외과 수술적 수단을 다 사용하든 관계없이, 모든 치유가 하나님이 베푸시는 치유라는 것을 인정하게 될 것이다. 전자는 '기적적인 치유'라고 부르는 것이 합당한 반면, 후자는 기적적인 것은 아니다. 하지만 둘 다 똑같이 '하나님의 치유'다.

조금 덜 극단적인 이 두 번째 입장은, 비록 하나님이 하시는 모든 일이 기적적인 것은 아니지만, 하나님은 기적이 주님과 사도들의 사역에서처럼 우리의 삶에서도 일상적으로 나타나도록 하셨다고 보는 견해다. 그러나 성경에서 기적에 대한 가르침을 배우고자 하는 자들로서는 이 입장 역시 받아들일 수 없다. 왜냐하면 성경에 여러 기적 이야기들이 나오는 것은 사실이지만, 성경의 하나님이 단지 기적의 하나님만은 아니듯이, 성경 또한 단지 기적에 대한 책만은 아니기 때문이다. 성경 역사의 많은 부분에는 기적에 대한 기록이 전혀 나오지 않는다. 예수님이 구약 시대에 속한 가장 위대한 사람이라고 칭찬하셨던 세례 요한은 전혀 기적을 행한 적이 없다고 명확하게 기록되어 있다(요 10:41). 사실상 우리가 성경에서 기적이 나타나는 곳을 찾아보면, 마치 밤하늘의 별들처럼 그 기적들이 한데 뭉쳐서 나오는 곳을 발견하게 된다. 성경에는 그러한 성운이 네 군데 나타난다. 첫째는 모세 시대이고(이집트에 내리신 재앙들과 홍해를 건넌 사건 그리고 만나와 광야에서 물을 찾은 일 등), 둘째는 엘리야와 엘리사 선지자의 시대이며, 셋째는 주님의 생애 동안 그리고 마지막으로 사도들의 시대다. 이들은 율법, 선지자, 주님, 사도라는 계시의 주된 네 시대를 이룬다. 그리고 기적들의 주된 목적은 새로운 계시의 시대의 진정성을 증명하는 것이다. 예를 들면, ("여호와께서 대면하여 아시던") 선지자 모세의 독특성은 그가 행한 기적들의 독특성에 의해 확증되었다("그 후에는 이스라엘에 모세와 같은 선지자가 일어나지 못하였나니 모세는…여호와께서 그를 애굽 땅에 보내사…모든 이적과 기사[를]…행한 자이더라", 신 34:10-12). 이와 비슷하게, 주 예수님의 사역도 "하나님께서 나사렛 예수로 큰 권능과 기사와 표적을 너희 가운데서 베푸사 너희 앞에서…증언하[신]" 것이다(행 2:22). 또한 하나님은 사도적 목격자들의 메시지를 "표적들과 기사들과 여러 가지 능력과 및 자기의 뜻을 따라 성령이 나누어 주신 것(gifts)[2]으로써 그들과 함께 증언하셨[다]"(히 2:3-4). 그러므로 사도행전(Acts)을 '사도들의 행전'(the Acts of the Apostles)으로 부르는 것은 옳다. 왜냐하면 누가가 이 책에서 기록한 모든 기적은 사도들이 행한 것이며(참조. 행 2:43; 5:12), 예외가 되는 두 경우조차도 사도들이 안수하여 개인적으로 위임한 자들이 행한 것이었다(6:8; 8:6-7). 바울도 자신이 행한 기적들을 "사도의 표가 된 것"이라고 묘사했다(고후 12:12).[3]

---

2   여기에 사용된 단어는 '카리스마타'가 아니라 '분배'를 뜻하는 '메리스모이'(*merismoi*)로서 문맥이 보여 주듯이 성령께서 은사가 아니라 능력을 나누어 주시는 것을 가리킬 수도 있다.

3   부활하신 주님을 "믿는 자들에게는 이런 표적이 따르리니"(16:17-18)라는 말씀은 현대 성경들에서는 마가복음 끝에 작은 글씨로 부록처럼 실려 있는 소위 '긴 결말'에 나온다. 이와는 다른 '짧은 결말'도 대개 함께 실려 있다. 대부분의 학자들은 이 긴 결말의 사본상의 근거가 빈약한 것을 이유로 마가복음이 8절에서 급작스럽게 끝나거나, 아니면 (더 그럴듯하게는) 본래 마가복음에는 예수님이 부활하신 모습을 실은 결말이 있었는데 그 부분이 분실되었다고 보는 견해를 취한다. 후자의 견해는 후대 사람이 긴 결말을 첨가했다는 결론을 설명해 준다. 어쨌든 이 긴 결말에 근거해서 기적이 일상적으로 일어나야 한다고 주장하는 것은 매우 근거가 취약한 입장이라고 할 수 있다. 왜냐하면 이 부분은 진정한 마가의 저작이 아니며 따라서 진정한 주님의 말씀이 아닌 것이 거의 확실하기 때문이다.

그렇다면 오늘날 기적에 대한 주장들에 대해 우리는 어떻게 반응해야 하겠는가? 완강한 의심의 눈초리("오늘날 기적은 일어나지 않는다")나 무비판적인 수용("물론, 기적은 언제나 일어나지")은 안 된다. 그보다는 다음과 같이 열린 마음으로 진지하게 묻고자 하는 태도를 가져야 할 것이다. "나는 오늘날 기적이 일상적으로 일어난다고는 기대하지 않는다. 왜냐하면 기적에 의해 그 진정성이 증명되어야 할 특별 계시는 이미 완성되었기 때문이다. 그러나 하나님은 주권적인 분이시며 또한 자유로운 분이시기 때문에 그분이 기적을 행하기를 기뻐하시는 특수한 상황은 얼마든지 있을 수 있다."

성경에 나오는 모든 영적 은사들이 오늘날에도 동일하게 주어지는가?

우리는 이미, 은사를 다루고 있는 성경의 네 목록이 은사를 총망라하고 있지 않을 수도 있다는 점과, 또 그 목록들에 나타나지 않은 영적 은사가 오늘날 주어질 수도 있다는 점을 지적했다. 이제 우리는 그와 정반대의 가능성을 지적하고자 한다. 즉 그 목록들에 열거되어 있는 스무 개 또는 그 이상의 은사들이 오늘날 다 주어지는 것은 아니라는 점이다. 우리가 이미 살펴본 기적적인 은사들에 관한 것은 잠시 옆으로 미루어 놓고, 우리는 '사도'와 '선지자'가 오늘날 교회에 존재하는지의 문제에 접근하고자 한다. 신약성경에 나오는 모든 '카리스마타'가 오늘날에도 동일하게 다 주어지고 있다는 전제를 깔고 시작하는 사람들은 사도들과 선지자들이 계속 존재한다는 것을 기정사실로 받아들인다. 그런 그리스도인들은 어떤 은사가 중단될 수도 있다는 점에 대해서 "아무런 성경적 근거가 없다"고 말하거나 쓰는 경향이 있다. 그러나 이와 반대로 그들이 전혀 없다고 말하는 바로 그 근거가 있다.

'사도'라는 말은 신약성경에서 대략 세 가지 의미로 사용된다. 한 본문에서는 그 말이 모든 그리스도인, 즉 예수님이 '보내심을 받은 사람'(헬라어 *apostolos*)이 그를 보낸 자보다 크지 못하다(요 13:16)고 말씀하셨을 때 의미하신 사람을 의미한다. 그리스도에 의해 세상으로 보냄을 받았고 따라서 교회의 사도적 사명에 동참하고 있다는 일반적인 의미에서는(요 17:18; 20:21), 우리도 모두 가장 넓은 의미에서 '사도'라고 할 수 있을 것이다. 그러나 이 말이 모든 그리스도인에게 적용된다면, 그것은 단지 일부 사람들에게만 주어지는 '카리스마'는 아니다.

둘째, 이 말은 적어도 두 번은 '교회의 사도들'(고후 8:23; 빌 2:25), 즉 한 교회로부터 다른 교회로 특별한 임무를 띠고 파견된 메신저를 묘사하는 데 쓰인다. 이러한 의미에서 이 말은 선교사들이나 특별한 사명을 가지고 파송되는 다른 그리스도인들에게 적용될 수 있을 것이다. 그러나 이것이 '카리스마'로서의 '사도'가 지닌 의미가 아닌 것은 분명하다. 왜냐하면 우리는, '사도'라는 말이 나타나는 두 개의 목록에서 이 말이 목록의 맨 처음에 나타난다는 것과(고전 12:28-29; 엡 4:11), 고린도전서의 목록에서는 사도를 '첫째'로 지칭하면서 처음 세 은사가 순서대로 배열되어 있는 것을 볼 수 있기 때문이다(첫째…둘째…셋째). 이러한 점으로 미루어 볼 때 각 목록에서 우위가 주어져 있는 사도의 은사는 열두 제자(눅 6:12-13)와 바울(갈 1:1) 그리고 아마도 예수님의 형제 야고보(갈 1:19)와 한두 사람이 더 포함되는 '그리스도의 사도들'로서, 바로 그 소수의 특별한 사람들의 그룹을 가리키는 것이 분명하다. 그들은 역사적 예수님, 특별히 부활하신 주님을 목격한 자들(행 1:21-22; 고전 9:1; 15:8-9)이라는 점과, 그리스도에 의해 개인적으로 임명되고 권위가 주어졌다는 점(막 3:14) 그리고 가르치는 사역을 위해서 성령의 특별한 영감을 받았다는 점(예. 요 14:25-26; 16:12-15)에서 독특하다. 그러므로 이 목록에 나타난 그러한 일차적인 의미에서는 그 은사의 성격상 그들의 계승자는 존재하지 않는다. 물론 오늘날에도 '선교사'라는 이차적인 의미의 '사도들'이 존재한다는 것은 의심의 여지가 없다.

그렇다면 '선지자들'은 어떤가? 물론 교회의 역사에서 선지자적인 영감을 가졌다고 주장한 자들은 여러 번 있었다. 그러나 그러한 주장은 참된 것들인가? 이에 대한 답변은 '예언'과 '선지자'에 대한 우리의 정의에 달려 있다. 이 표현에 대한 성경적인 이해는 구약 시대까지 거슬러 올라가는데, 선지자는 신성한 계시가 주어지는 통로로서 하나님의 말씀이 임했던 자들이며 따라서 바로 하나님의 말씀을 말했던 자들이었다(예. 출 4:12; 7:1-2; 렘 1:4-9; 23:16, 18,

22, 28). 이 용어에 대한 이러한 핵심적인 성경적 의미에서 보면, 더 이상 선지자는 없다고 말할 수밖에 없다고 나는 생각한다. 왜냐하면 하나님의 자기 계시는 그리스도 안에서 그리고 그리스도에 대한 사도들의 증거 안에서 완성되었으며, 성경의 정경은 완성된 지 오래이기 때문이다. 더욱이 '선지자들'은 앞에서 언급한 에베소서와 고린도전서의 목록에서 사도들 다음에 오고 있으며, '사도들과 선지자들'은 몇몇 본문에서 함께 묶여 있고 그 위에 교회가 세워지는 터(그들의 가르침 때문에)라고 제시되고 있다(엡 2:20; 3:5). 건축 설계에 대한 아주 초보적인 지식만 있어도 우리는 일단 건물의 기초가 놓이면 그 위에 건물이 지어지고, 기초 자체는 다시 놓을 수 없다는 것을 알 것이다. 따라서 직접적이고 새로운 계시의 통로로서의 '선지자들'이라는 일차적인 의미에서는 이 '카리스마'는 더 이상 주어지지 않는다고 보아야 할 것 같다. 따라서 더 이상 교회 안에, "여호와의 말씀이 내게 임하여 이르시되…"라거나 또는 "여호와의 말씀이니라"고 말할 수 있는 사람은 없다.

하지만 '선지자'는 이와 다르게 그보다 약한 의미로 쓰일 수 있다는 주장이 있어 왔다. 어떤 사람들은 오늘날에도 선지자 아가보(행 11:28; 21:10-11)와 같은 자들이 있을 수 있으며, 그들의 역할은 계시를 더하는 것이 아니라 장래에 일어날 일들을 예언하는 것이라고 생각한다. 이것은 가능하다. 그러나 교회의 역사와 개인적 경험에 비추어 보면 조심스러워진다. 19세기 초에, '여선지자들'의 예언이 이루어지지 않았던 사실처럼 에드워드 어빙(Edward Irving)과 그의 '보편적 사도적 교회'(Catholic Apostolic Church)의 신용을 격추시켰던 일은 없었다. 나 자신의 관찰도 이러한 사실을 확증해 준다. 나 자신도 이루어지지 않은 예언을 여러 번 들은 적이 있는데, 그 결과 관련된 사람들은 정직하지 못한 행동을 하게 되거나 환멸을 느끼게 되는 것을 보았다. 어떤 사람들은 선지자적인 사역을 (구약의 선지자들이 그랬던 것처럼) 정치적인 사건을 해석하거나 사회적 문제들에 대해 언급하는 것으로 여기기도 한다. 하지만 구약의 선지자들의 경우 그들이 받은 신성한 영감과 이런 측면의 사역을 구별하기는 어려운 일이다. 또 어떤 사람들은 예언의 은사를 성경을 강해하거나 설교하는 것, 또는 "덕을 세우며 권면하며 위로하는 것"(고전 14:3)으로 해석하기도 한다. 아브라함 카이퍼(Abraham Kuyper)는 "바울은 생명이 있는 설교를 예언으로 보았으며, 그러한 설교를 통해 설교자 자신이 힘을 얻고 성령의 감동을 얻는다고 보았다"고 썼다.[4]

하지만 이 모든 해석은 예언에 대한 성경의 고견에는 미치지 못한다. 왜냐하면 성경에서 선지자는 일차적으로 미래에 대한 예견가도 아니고, 정치적인 해설가도 아니며, 생동력 있는 설교가도 아니고, 위로를 전달해 주는 자도 아니기 때문이다. 선지자는 무엇보

---

4 Abraham Kuyper, *The Work of the Holy Spirit*, 1888 (London and New York: Funk and Wagnals, 1900), p. 187. 『성령의 사역』(성지출판사).

다도 하나님의 입으로서 새로운 계시의 통로다. 바울이 '사도들과 선지자들'을 모든 '카리스마타' 중에 가장 중요한 것으로 한데 묶은 것(엡 2:20; 3:5; 4:11; 고전 12:28)은 바로 이런 의미에서였던 것으로 보인다. 그리고 이러한 의미에서는(이차적인 의미와 사역에 대해서 무엇이라고 말하든지) 우리는 교회에 더 이상 선지자는 존재하지 않는다고 말해야 한다. 오늘날 교회에서 하나님이 사용하시는 가르침의 방법은 새로운 계시가 아니라 그리스도와 성경 안에서 이미 완성된 그분의 계시에 대한 강해다.

'은사적'이라는 말

지금까지 '카리스마타'의 성격을 살펴보면서 그에 따른 몇몇 질문들에 대해 묻고 대답해 왔다. 이제 나는 '카리스마타'의 성격을 잘못 전해 주는 '은사적'(charismatic)이라는 영어 형용사가 오용되는 몇몇 경우에 대해 온건한 반대를 제기하고자 한다.

어떤 신학자들은 그리스도인의 사역에 대해 말할 때 '은사적'이라는 말과 '제도적'(institutional)이라는 말을 대치시킨다. 그들은 (감독과 장로처럼) 목사와 교사는 '제도적인' 반면, 선지자는 '은사적'이라고 부르면서, 전자는 교회가 임명하지만 후자는 하나님 자신이 직접 임명하신다고 말한다. 그러나 이러한 구분은 (최소한 부분적으로는) 잘못된 것이다. '사도들과 선지자들'이 교회의 공식적인 인준을 거치지 않고 하나님의 부르심을 받았다는 것은 사실이다. 그러나 교회는 하나님이 부르시지 않은 자들을 인준할 수 있는 권위를 가지고 있지 않다. 성경에 의하면 목사와 교사도 선지자만큼이나 '은사적'이고(엡 4:11), 따라서 먼저 하나님의 부르심을 받고 은사를 받지 않은 사람은 교회에서도 그 직분을 임명해서는 안 된다. 신약성경은 사역을 위한 자격을 갖추도록 '카리스마'를 부여받지도 않은 채 사역에 임명되는 사람처럼 우스꽝스러운 예외를 결코 생각해 본 적이 없다. 존 오웬은 그와 같은 사실을 다음과 같이 훌륭하게 표현했다. "교회는 그리스도께서 성령의 은사를 주셔서 미리 준비시키시기 전에는 그 누구도 사역의 직분에 임명할 권한이 없다."[5] 한 걸음 더 나아가, (예를 들어서) 신약은 '가르침의 은사'와 '가르치는 자의 은사'를 구별하지 않는다(예. 고전 12:28; 롬 12:7; 엡 4:11)고 말할 수 있다. '카리스마'는 직분과 은사가 합쳐서 이루어진 것이다.

최근에는 언론인들이 '카리스마적인' 지도자 또는 '카리스마'를 지닌 정치가나 예술가들에 대해 쓰는 것이 유행이 되었다. 그들이 이 말을 사용할 때는 매력과 천재성이 합쳐진 모습을 묘사하는 것처럼 보인다. 소위 말하는 '카리스마적인' 인물은 빛을 발하는 성격을 가졌다. 그러나 예수님을 주님으로 고백하지 않는 세속적인 스타들에게 이 말을 적용하는 것은 정당화될 수 없다. 또한 신약성

5　　John Owen, 앞의 책, p. 315.

경의 '카리스마타'는 마치 눈에 확 들어오는 은사들만 가리키는 것 같이 잘못된 인상을 주고 있기도 하다. 하지만 긍휼을 베푸는 일, 관대함, 행정 등과 같이 눈에 띄지 않는 일들도 진정한 성경적인 의미에서 똑같이 '카리스마적'이라는 것을 우리는 이미 살펴보았다.

셋째, 이미 앞에서 언급한 현대의 '은사주의적' 운동이 있다. 나 자신의 입장을 말하자면, 나는 이 표현을 그 어떤 표현보다도 좋아하는 자들을 위해 예의상 사용할 따름이다. 사실 나로서는 그러한 용법이 심각하게 잘못된 것이라고 생각하기 때문에 그런 표현을 쓰는 것이 별로 내키지는 않는다. 왜냐하면 이 말은 전체 교회에 마땅히 속한 '은사적'이라는 칭호를 교회 안의 일부 그리스도인들에게 적용하고 있기 때문이다. 전체 교회는 은사적인 공동체로서, 지체들이 자신의 은사('카리스마타')에 따라 활동하는 그리스도의 몸이다.

은사의 범위: 은사는 누구에게 주어지는가?

지금까지는 영적 은사들이 무엇인지를 그 풍성한 다양성, 타고난 재능과의 관계, 눈에 띄는 것들뿐 아니라 평범한 것들도 포함된다는 점 등을 염두에 두고 정의해 보았다. 이제는 그 은사들의 분배에 관해 살펴보자. 은사는 누구에게 주어지는가? 우리의 즉각적인 답변은 은사의 종류가 다양하다면 그 분배도 다양해야 할 것이라는 것이다. '카리스마타'는 선택된 소수의 특권이 아니다. 그와 반대로 신약성경은 모든 그리스도인이, 비록 그중 자신의 은사를 묻어 두고 있거나 제대로 사용하지 않는 자들이 있다 하더라도, 적어도 한 가지씩은 봉사를 위한 영적 은사나 능력을 가지고 있음을 확증하는 근거를 제시해 준다. 이 주장에 대한 증거는 두 가지다.

첫째, 영적 은사들이 열거되어 있는 신약성경의 네 장이 모두 이러한 사실을 보여 주는 직접적인 표현들을 담고 있다.

> 내게 주신 은혜로 말미암아 너희 **각 사람**에게 말하노니…오직 하나님께서 각 사람에게 나누어 주신 믿음의 분량대로 지혜롭게 생각하라…우리에게 주신 은혜대로 받은 은사가 각각 다르니….
> (롬 12:3-6)

> 이 모든 일은 같은 한 성령이 행하사 그의 뜻대로 **각 사람**에게 나누어 주시는 것이니라. (고전 12:11)

> 우리 **각 사람**에게 그리스도의 선물의 분량대로 은혜를 주셨나니.
> (엡 4:7)

> **각각** 은사를 받은 대로 하나님의 여러 가지 은혜를 맡은 선한 청지기같이 서로 봉사하라. (벧전 4:10)

4장 성령의 은사들

각 절에 강조체로 된 단어들은 '파스'(pas, '모든') 혹은 '헤카스토스'(hekastos, '각')다. 은사란 널리 퍼져 있는 정도가 아니라 보편적이라는 것이야말로 매우 놀라운 일이다.

둘째, 몸의 은유가 나오는데, 이것은 바울이 교회를 그리스도의 몸으로 즐겨 소개하는 표현이다. 교회는 인간의 몸을 닮았는데, 이 둘은 모두 각각 독특한 기능을 담당하는 많은 지체들로 이루어진 통합적인 체계다. 바울이 영적 은사들을 지칭한 신약성경의 세 본문(롬 12장; 고전 12장; 엡 4장)에서 모두 몸이라는 은유를 전개하고 있다는 점은 의미심장하다. 바울은 그리스도의 몸과 '카리스마타'는 필연적으로 함께 속해 있다고 생각하는 것 같다. 그리고 그의 세 군데 강해 중 두 군데에서는 그들 사이의 연관성이 분명하게 나타나 있다. 그의 논증은 부분적으로는 인간의 몸에서처럼 그리스도의 몸에서도 각 장기나 지체는 **어떤** 기능을 갖고 있으며, 부분적으로는 각 지체가 **서로 다른** 기능을 갖고 있다는 것이다.

> 우리가 한 몸에 많은 지체를 가졌으나 모든 지체가 같은 기능을 가진 것이 아니니 이와 같이 우리 많은 사람이 그리스도 안에서 한 몸이 되어 서로 지체가 되었느니라. 우리에게 주신 은혜대로 받은 은사가 각각 다르니…. (롬 12:4-6)

> 몸은 하나인데 많은 지체가 있고 몸의 지체가 많으나 한 몸임과 같

> 이 그리스도도 그러하니라…몸은 한 지체뿐만 아니요 여럿이니…
> 너희는 그리스도의 몸이요 지체의 각 부분이라. (고전 12:12, 14, 27)

모든 그리스도인이 은사를 가지고 있고 따라서 책임을 지니고 있다는 사실, 그리고 어떤 그리스도인이든지 아무런 은사도 받지 못하고 간과되거나 뒤로 처지는 일이 없다는 사실은 교회에 대한 신약성경의 가르침에서 근본적인 것이다. 이 진리는 또한 그리스도인들의 삶과 교회의 삶을 바꾸어 놓아야 한다. 왜냐하면 지역 교회의 전통적인 이미지는, 지나치게 많은 일을 하는 목회자가 소수의 헌신된 핵심 사역자들의 도움을 받고 있는 반면, 대다수의 교인들은 교회의 삶과 사역에 기여하는 바가 거의 없거나 전무한 것으로 그려진다. 이러한 이미지는 몸(모든 지체가 활동적이며, 각 사람은 전체의 건강과 효과적인 사역을 위해 특정한 역할을 담당함)이라기보다는 버스(운전기사 한 명이 졸고 있는 많은 승객들을 태움)를 연상시킨다. 나는 실로 교회의 이러한 잘못된 이미지가 '은사주의적 운동'의 성장을 설명해 주는 주된 이유 중 하나라는 점을 의심하지 않는다. 이 운동은 (교역자들이 평신도들을 억압하는) 성직주의에 반발하여 나타난 항의며, 하나님이 평신도들에게 은사를 주셔서 그들로 감당하게 하시는 책임감 있는 지도력을 발휘하도록 평신도를 해방시키자는 호소다.

많은 지역 교회들(특별히 그 목회자들)은 회중이 평신도 지도력의 은사를 갖추지 못했다고 불평한다. 그리고 이것이야말로 아무것도 시도하려 하지 않고 또 그나마 겨우 시도되는 것들을 목회자가 손에 꼭 움켜쥐고 통제하려고 하는 데 대한 전형적인 변명이다. 그러나 성경은 각 지역 교회에게, 바울이 고린도 교인들에게 사용한 것과 같은 말을 주고 있다. "너희는 그리스도의 몸이요." 이것이 바로 성경과 눈에 보이는 현상이 서로 맞지 않는 점이다. 나타난 현상은 회중이 은사를 지니지 못했다고 하는 반면, 성경은 "터무니없는 소리! 그럴 수 없다. 너희들은 그리스도의 몸이다!"라고 말한다. 하나님의 말씀과 인간의 평가 사이에 드러나는 이러한 괴리 현상은 신앙의 위기를 촉발한다. 만일 우리가 하나님을 그분의 말씀 그대로 받아들인다면, 그분이 각 지역 교회에 그 생명과 건강, 성장과 사역을 위한 모든 필요한 은사들을 이미 주셨거나 또는 적어도 주시고자 하신다는 것을 기꺼이 믿을 것이다. 우리의 의무는 하나님이 은사를 가진 일꾼들을 일으켜 주시도록 간구하는 것, 의식적으로 묻어 두었거나 무의식적으로 소홀히 여기고 있는 은사가 없는지 끊임없이 찾는 것, 하나님이 사람들에게 주신 은사들을 활용하도록 그들을 격려하는 것(참조. 딤전 4:14; 딤후 1:6) 그리고 그들에게 그런 기회를 보장해 주는 것이다. 물론 스스로 봉사하고자 하는 자원자들을 위한 자리는 언제나 있다. 하지만 교회의 지도 체계가 하나님이 자기 백성을 준비시키셔서 섬기도록 부르시는 방식에 민감하게 열려 있는 것이 더욱 건강하고 성경적인 교회의 모습이다.

나는 1971년에 암스테르담에서 열린 유럽 전도 회의(Europe Congress on Evangelism)에서 언론인이자 방송인이며 네덜란드 성서 공회의 정보 담당 비서관인 얀 판 카펠레페인(Jan van Capelleveen)의 지혜로운 말에 놀랐던 일을 기억한다. 그는 '지역 교회의 영적 기회와 영적 은사들에 대한 목록'을 만들자고 제안했다. 다시 말해서, 각 교회마다 한 그룹씩 시간과 노력을 들여 하나님이 자신들에게 맡기신 일이 무엇이며 그 일을 감당하기 위해 하나님이 그들에게 주신 자원들(또는 주실 필요가 있는 자원들)이 무엇인지를 살펴보아야 한다는 것이다. 이렇게 목표를 찾는 일과 그 목표에 필요한 자원을 짝짓는 일은 현대 경영학의 기초적인 원리지만, 성경은 경영학이 그런 원리를 생각하기 훨씬 이전에 이미 그런 것들을 가르쳤던 것이다! 어쨌든, 지역 교회를 성직주의에서 건져 내거나 교인들을 동원하기 위해서는 교회가 그리스도의 몸이며 그 몸의 모든 지체는 감당해야 할 역할이 있다는 단순한 성경적 원리를 깨닫는 것이 중요하다. 우리가 이미 살펴본 대로 바로 이러한 의미에서 전체 교회는 '은사적 공동체'다. 왜냐하면 그 공동체의 모든 구성원은 '카리스마'를 가지고 있으며, 어떤 경우에는 한 가지 이상의 '카리스마'를 가지고 있기 때문이다.

영적 은사들의 원천: 은사는 어디에서 오는가?

우리는 지금까지 '카리스마타'의 다양한 성격과 광범위한 분배를 살펴보았다. 이제 우리는 그것들이 하나님으로부터 온 것임을 강조해야 한다. 영적 은사들은 하나님의 선물이다. 신약성경은 이것을 여러 가지 방법으로 표현한다.

첫째, 영적 은사들은 **하나님의 은혜**의 선물이다. 헬라어 자체가 이 사실을 분명하게 보여 준다. '카리스마타'는 '카리스(*charis*)를 부여하는 것인데, 이 '카리스'는 받을 자격이 없는 자들에게 하나님이 베푸시는 호의다. 다음 구절들을 생각해 보라.

> 우리에게 주신 은혜(카리스)대로 받은 은사(카리스마타)가 각각 다르니…. (롬 12:6)

> 우리 각 사람에게 그리스도의 선물('도레아', *dōrea*)의 분량대로 은혜(카리스)를 주셨나니. (엡 4:7)

> 각각 은사(카리스마)를 받은 대로 하나님의 여러 가지 은혜(카리스)를 맡은 선한 청지기같이 서로 봉사하라. (벧전 4:10)

이러한 표현들의 강도를 제대로 느끼기 위해서 신약성경에서는 '카리스마'가 영적 은사들뿐 아니라 구원에도 적용되고 있음을 상기하는 것이 도움이 될 수 있다. 예를 들면, "죄의 삯은 사망이요, 하나님의 은사(카리스마)는 그리스도 예수 우리 주 안에 있는 영생이니라"(롬 6:23)는 구절이 있다. 우리는 우리의 구원을 전적으로 하나님이 값없이 베푸시는 자비에 돌리는 일에 익숙해 있으며, 이 사실보다 우리를 겸손하게 만드는 것은 없다. 그러나 봉사를 위해 주어지는 '카리스마타' 역시 영생의 '카리스마'와 마찬가지로 하나님이 받을 자격이 없는 자에게 거저 베푸시는 것이다. 따라서 이 영역에서도 시기심이나 자랑의 여지는 결코 있을 수 없다.

둘째, 영적 은사들은 **하나님의 영**의 선물이다. 고린도전서 12장은 문자적으로 "신령한 것들에 관해서는"(*peri de tōn pneumatikōn*)이라는 말로 시작된다. RSV는 "영적 은사들에 관해서는"이라고 번역하고 있지만, 여기에 사용된 단어는 '카리스마타'가 아니라는 점을 주목해야 할 것이다. 아마도 바울은 의도적으로 이렇게 더 모호한 표현을 사용한 것 같다. 왜냐하면 그는 성령의 사역에 관해 여러 방면에서 쓰고자 했기 때문이다. 즉 성령은 우리에게 영적 은사들을 주실 뿐 아니라, 우리 마음에 빛을 비추셔서 예수님을 주님으로 고백하게 하시고(3절), 우리가 성령으로 세례를 받고 성령을 마실 때 우리를 그리스도의 몸과 연합하게 하신다(13절). '영' '하나님의 영' '성령' '같은 영' '한 영' '같은 한 성령' 등의 문구들이 처음 열세 절 안에 모두 합쳐서 열한 번이나 나온다. 따라서 성령이 강조되고 있다는 것은 의심의 여지가 없다.

그럼에도 불구하고(우리가 이미 앞에서 살펴본 것처럼) 4절부터 6절까지 삼위 하나님의 세 위격 모두에 대해 "하나님은 같고" "주는 같으며" "성령은 같고" 등의 의식적인 언급이 나온다. 더 나아가 로마서 12장과 베드로전서 4장에서는 성부 하나님이 영적 은사들의 창시자로 나오는 반면, 에베소서 4장에서는 교회의 머리이신 승천하신 그리스도께서 "사람들에게 선물을 주셨다"는 예언을 성취하시면서 은사들을 주셨다고 되어 있다(4-7절). 비록 성령이 삼위 중 실행자이시며 오늘날 하나님이 행하시는 일은 성령으로 행하시는 것이 사실이지만, 그럼에도 불구하고 더 깊은 영적 체험들과 마찬가지로 영적 은사들에서도 우리는 그것들을 전적으로 성령께만 돌려서는 안 되고, 삼위의 세 위격이 모두 참여하고 계심을 기억해야 한다.

셋째, 영적 은사들은 **하나님이 주권적으로 나누어 주시는** 선물이다. 에베소서 4장에서 승천하시는 그리스도는, 포로들을 끌고 가며 전리품에서 선물을 나누어 주는 개선장군으로 묘사되고 있다. 선물은 공짜이며, 주는 것은 주권적인 행동이다. 이것은 고린도전서 12:11에서 더 자세히 설명하고 있다. "이 모든 일은 같은 한 성령이 행하사 그 뜻대로 각 사람에게 나눠 주시느니라."

우리는 "더욱 큰 은사를 사모하[거나]" 또는 그것들을 '열심히' 사모하는 것이 허락되어 있을 뿐 아니라 한 걸음 더 나아가 그런 명령을 받고 있는 것도 사실이다(고전 12:31). 아마도 여기에서 말하는 열렬한 소원은 "하나님이 우리에게 주신 믿음의 분량"(롬 12:3)과 관련되어 있을 것이다. 그리고 우리는 성경에서 믿음의 증진을 위해 기도하라는 격려를 받고 있다. 그럼에도 불구하고 은사들을 나누어 주시는 것은 우리의 뜻이 아니라 주권적인 성령의 뜻에 달려 있다. 따라서 '카리스마타'는 하나님의 은혜로우신 뜻에서 출발하고, 성령을 통해 하나님이 부여하신다.

사도는 이 사실의 결과들을 조금 길게 설명한다(고전 12:14-16). 그는, 만일 성령이 그분의 은혜로우시며 주권적인 뜻을 따라 영적 은사들을 나누어 주신다면 어떤 시기나 자랑도 정당화될 수 없다고 논증한다. 만일 하나님이 우리에게 그분의 은혜와 뜻을 따라 은사를 주셨다면, 어떻게 우리가 우리 자신이 가진 은사를 깔보고 다른 사람들이 가진 은사를 시기할 수 있단 말인가? 마찬가지로, 만일 하나님이 다른 사람들에게 그분의 은혜와 뜻을 따라 은사를 주셨다면, 어떻게 다른 사람들의 은사를 멸시하고 바람직하지 못한 관점으로 그것을 우리 자신의 은사와 비교할 수 있겠는가? 우리는 바울이 어떻게 자기 경멸과 자만심이라는 반대되는 죄들을 다루는지를 살펴보고자 한다.

첫째, 자기 멸시를 살펴보자(15-20절). 바울은 마치 인간의 몸의 여러 부분이 말을 하는 것처럼 재미있고 생생하게 표현한다. 발은 자신을 깔보면서 다음과 같이 말해서는 안 된다. "나를 봐! 난 아무짝에도 쓸모없어. 물건을 들어 올릴 수도 없고 재능 많은 손처럼 복잡한 작업도 할 수가 없지. 나는 꼴사나운 늙은 발일 뿐이야!" 이와 비슷하게 귀도 자신을 격하시키면서 이렇게 말해서는 안 된다. "나를 봐. 나 역시 쓸모없는 존재야. 물건의 모양이 어떤지 색깔이 어떤지 아무것도 볼 수 없어. 나는 장님이야. 내가 할 수 있는 일이란 단지 소음을 듣는 것뿐이야!" 그러나 자기를 비하하는 이런 말들은 어리석은 것이며, 그렇게 말한다고 발이나 귀가 "몸에 붙지 아니한 것이 아니[다]." 만일 온 몸이 거대한 눈이라면 어떻게 소리를 들을 수 있겠는가? 또 만일 온 몸이 거대한 귀라면 냄새는 어떻게 맡는단 말인가? 그렇다. 몸은 보아야 할 뿐 아니라 들어야 하며, 들어야 할 뿐 아니라 냄새도 맡아야 한다. 그래서 하나님은 "그 원하시는 대로 지체를 각각 몸에 두셔서" 각자 맡은 독특한 역할을 하게 하신 것이다. 만일 그분이 그렇게 하지 않으셨다면 몸은 존재하지 않았을 것이다. 그러나 "이제 지체는 많으나 몸은 하나[다]." 따라서 어떤 기관이든 자신을 경멸할 만한 정당한 이유가 없다.

이와 반대되는 죄는 자만심이다(21-26절). 눈은 손을 경멸하거나, 손에게 다음과 같이 말하면서 깔보고 무시할 수 없다. "나는 너 따윈 필요 없어. 너는 고작 손일 뿐이야. 물론 무언가를 붙잡거나 쥘 수는 있겠지. 그건 사실이야. 하지만 너는 쓸모없어. 왜냐하면 너는 볼 수 없으니까." 또 머리는 자신의 유리한 위치에서 발을 내려다보면서 거드름을 피우며 이런 식으로 말할 수 없다. "나는 네가 필요 없어! 너는 단지 투박하고 무거운 신발에 갇힌 늙은 발에 지나지 않아. 나는 네가 굼뜨게라도 움직일 수 있다는 것은 인정해. 하지만 나는 뇌를 담고 있지. 중추 신경 조직을 보관하고 있단 말이야. 나는 생각하고 계획하고 결정하는 일을 하지. 나는 너 없이도 잘해 나갈 수 있어." 바울은 이러한 종류의 오만한 말을 부인할 뿐 아니라, 반박하고 있다. 그는 '그뿐 아니라 하나님은 몸의 더 약하게 보이는 지체가 도리어 요긴하고 우리가 몸의 덜 귀히 여기는 그것들이 더욱 귀한 것들을 입을 수 있도록, 그렇게 몸을 만드셨다'고 말한다.

요약하자면, 자기 경멸의 목소리는 "나는 쓸모없어. 네게는 내가 필요 없지"라고 말하는 반면, 자만심의 목소리는 "너는 쓸모없어. 나는 네가 필요 없어"라고 말한다. 그러나 하나님의 음성은 "너희는 서로 필요로 하고 있어"라고 말씀하신다. 하나님이 우리에게 주신 은사와 다른 사람에게 주신 은사는 모두 중요하고 필요한 것들이다. 그것들은 함께, 몸의 각 지체가 모두 제대로 활동하는 그리스도의 온전하고 건강한 몸을 이룬다.

우리가 자신과 타인을 경멸하기를 그만둘 때에만 "몸 가운데서 분쟁이 없[게]" 된다(25절). 하나님은 불화를 싫어하신다. 그분의 뜻은 '지체들이 함께 서로의 고통과 기쁨을 나누면서 서로 똑같이 돌보는 것이다.' 그리고 우리를 시기와 헛된 욕심에서 건져 줄 수 있는 유일하고 위대한 진리는, 영적 은사란 하나님의 선물이며,

그분의 은혜와 그분의 뜻을 따라 나누어 주신다는 것이다. 존 오웬의 유쾌한 문구를 인용한다면, 은사는 "하나님이 임의로 나누어 주시는 하사금"이다.[6] 따라서 우리는 우리에게 주어진 것이든 다른 사람들에게 주어진 것이든, 그 은사들을 폄하해서는 안 된다.

영적 은사의 목적: 은사는 무엇을 위해 주어지는가?

하나님의 선물은 사용되기 위해 주어진다. 인간의 몸의 기관은 기능을 담당한다. 이와 비슷하게 그리스도의 몸의 지체도 그들의 은사를 활용해야 한다. 우리는 "하나님의 여러 가지 은혜를 맡은…청지기"들이며, "선한 청지기"가 되라는 명령을 받았다(벧전 4:10). 바울은 "받은 은사들을 사용하자"(NIV)고 썼다(롬 12:6). 그렇다면 어떻게 사용해야 하는가?

하나님이 영적 은사들을 교회에 주신 목적에 대해서는 많은 오해가 있다. 어떤 사람들은 은사의 주된 목적이 수혜자를 풍요롭게 하는 것이며, 따라서 우리는 자신을 위해 그것들을 사용해야 하는 것처럼 말함으로써, 은사를 '사랑의 선물'로 취급한다. 또 어떤 사람들은 은사의 주된 목적이 하나님을 예배하는 것이며, 따라서 은사를 활용하는 우선적인 영역을 회중 예배로 봄으로써, 은사를 '예

---

6 John Owen, 앞의 책, p. 324.

배의 선물'로 취급한다. 그러나 성경은 은사의 주된 목적이 교회에 '덕을 끼치는 것', 즉 교회를 세우는 것이며, 따라서 그것들은 '봉사의 선물'이라고 말한다.

사도 바울과 베드로는 둘 다 하나님의 은사를 다른 사람들, 즉 교회를 섬기기 위해 사심 없이 사용해야 한다고 강조한다.

각 사람에게 성령을 나타내심은 **유익하게 하려 하심이라**. (고전 12:7)

각각 은사(카리스마)를 받은 대로… **서로 봉사하라**. (벧전 4:10)

따라서 영적 은사들은 우리 자신들(수혜자들)이 아니라 다른 사람들을 돕고, 위로하고, 강건하게 하라고 주어진 것이다. 이것이야말로 '세우는 것'의 의미다(참조. 엡 4:12, 16).

바로 이러한 이유 때문에 어떤 은사는 다른 은사보다 더 귀하게 여겨진다. 우리가 이미 살펴본 대로 어떤 은사도 무시되어서는 안 된다. 그러나 동시에 우리는 '더 큰 은사'를 열심히 사모해야 한다(고전 12:31). 그렇다면 우리는 어떻게 은사의 상대적 중요성을 평가할 수 있는가? 이에 대해 유일하게 가능한 답변은 '그 은사가 덕을 세우는 정도에 따라서'라는 것이다. 모든 '카리스마타'가 그리스도인 개개인과 전체 교회를 세우기 위해 주어진 것이기 때문에 그것이 세우는 역할을 더 많이 하면 할수록 그 가치는 더욱 커진다. 바울은 이 점을 아주 분명하게 밝힌다. 그는 "그러므로 너희도 영적인 것을 사모하는 자인즉 교회의 덕을 세우기를 위하여 그것이 풍성하기를 구하라"고 썼다(고전 14:12).

이 기준에 의하면 가르치는 은사야말로 가장 높은 가치를 가지고 있다. 왜냐하면 하나님의 진리만큼 그리스도인들을 세워 주는 것은 없기 때문이다. 그러므로 은사의 목록이 나오는 신약성경의 본문들에서 가르치는 은사 또는 은사들이 맨 처음에 등장하는 것은 놀라운 일이 아니다. 사도들이 가르침의 우선성을 강조하고자 했던 것은 현대 교회에 매우 중요한 적실성을 시사한다. 전 세계에 걸쳐 교회는 성경을 강해하는 자들이 부족하여 영적 빈곤을 겪고 있다. 대중적인 운동이 일어나고 있는 지역들은 회심자들을 훈련시켜 줄 교사들이 필요하다고 아우성이다. 교사가 부족하여 너무나 많은 사람들이 덜 중요한 은사들에 집착하거나 또는 주의를 빼앗기는 것은 참으로 슬픈 일이다.

아마도 이 시점에서 일부 사람들에 의해 많이 강조되고 있는 은사인 '방언'에 대해 언급하는 것이 필요할 것 같다. 방언이라고 알려진 현대의 현상이 신약성경에 나오는 은사와 동일한 것인지에 대해서는 아직도 의문이 풀리지 않고 있다. 오순절에 성령의 충만을 받았던 신자들이 "성령이 말하게 하심을 따라 다른 언어", 즉 외국어로 말한 것은 분명하다. 그리고 그들이 말했던 언어들은 모두 군중 속의 여러 그룹이 알아들을 수 있는 말이었다(행 2:4-11). 고린도전서에 나오는 현상도 이와 동일할 것이라는 강력한 신학적·언어학적 추정이 있다. 첫째, 헬라어 문구들이 거의 똑같다. 그리고 성경 해석학의 기본적인 원리 중 하나는 같은 표현은 같은 의미를 지닌다는 것이다. 둘째, '글로사'(*glōssa*)라는 명사는 입안에 있는 기관과 언어라는 단 두 가지 의미를 가진 것으로 알려져 있다. NEB가 "황홀경에서 내뱉는 말들"이라고 번역한 것은 언어학적 근거가 없다. 이것은 번역이 아니라 해석이다. 이와 비슷하게, '방언을 통역함'이라고 할 때 사용되는 동사도 언어를 통역하는 것을 의미한다. 셋째, 고린도전서 14장이 전체적으로 강조하는 것은, 알아들을 수 없는 것들을 숭상하는 것은 어린아이들의 유치함과 같기 때문에 버려야 한다는 것이다. "형제들아, 지혜에는 아이가 되지 말고…지혜에는 장성한 사람이 되라"(고전 14:20). 성경의 하나님은 합리적인 분으로서 비합리성이나 불가해성을 기뻐하지 않으신다.

이러한 해석은 몇 가지 해석상의 문제점을 제기한다. 그래서 어떤 사람들은 사도행전에 나오는 '방언'과 고린도전서에 나오는 '방언'을 예리하게 구분하기도 한다. 그러나 양쪽에 나오는 현상이 동일하다고 보는 논증, 즉 알아들을 수 없는 황홀경의 말들이 아니라 적어도 현장에 있는 일부 사람들(오순절 때처럼)에게는 알아들을 수 있는 언어들이었다는 논증의 강점을 생각할 때 그러한 문제점들은 비교적 적은 편이다. 물론 고린도와 같이 여러 언어가 사용되던 항구 도시에서는 다른 언어를 사용하는 사람들을 위해 그 방언들을 통역해야 할 필요가 있었을 것이다. 만일 이 은사가 결국 언어와 관련된 것이었다면 우리는 왜 바울이 그것을 목록의 끝에 넣었거나 또는 다른 세 곳에서는 언급조차 하지 않았는지를 이해할 수 있다. 바울이 "나는 너희가 다 방언 말하기를 원하나"라고 말한 것은 사실이다(마치 모세가 "여호와께서 그의 영을 그의 모든 백성에게 주사 다 선지자가 되게 하시기를 원하노라"고 말했던 것처럼, 민 11:29). 왜냐하면 하나님의 모든 은사는 좋은 것이며 사모할 만한 것이기 때문이다. 하지만 방언은 그 자체로서는 (다시 말해서 그 안에 담긴 내용을 떠나서는) 덕을 세울 수 있는 특정한 능력을 지니지 못했다.

그렇다면 개인적인 경건의 삶에 도움을 받기 위해 방언을 개인적으로 사용하는 현대의 현상은 어떠한가? 많은 사람들은 하나님께 나아가는 데 있어서 방언을 통해 새로운 차원의 자유를 발견했다고 주장한다. 어떤 사람들은 자신들을 자유롭게 해 주는 일종의 '심리적 해방감'을 맛보았다고 말하기도 하는데, 이런 것들을 굳이 부인할 생각은 없다. 그러나 반면에 (고전 14장을 살펴볼 때) 바울이 통역 없이 회중 앞에서 방언을 말하는 것을 전적으로 금한 것을 생각해 볼 때, 그는 또한 말하는 자가 자신이 말하는 것을 이해하지 못하는 한 개인적으로 방언 말하는 것도 강하게 저지하고 있다고 보아야 할 것이다. 13절은 종종 간과되는 구절이다. "그러므로 방언을 말하는 자는 통역하기를 기도할지니." 그렇지 않으면 그의 마음은 '열매를 맺지 못하거나' '비생산적'이 될 것이다. 그렇다면 그는 무엇을 해야 하는가? 바울은 자신에게 질문을 던진다. 그는 자신이 '영으로' 기도하고 찬미하지만 또한 '마음으로도' 그렇게 할 것이라고 답변한다. 그는 마음이 적극적으로 개입되지 않는 그리스도인의 기도와 찬미란 결코 생각할 수 없었던 것이 분명하다.

어떤 독자들은 고린도전서 14장의 맨 앞에 나오는 구절들에서 사도가 예언과 방언을 대조하면서 예언하는 자는 "교회에 덕을 세우[는]" 반면 방언을 말하는 자는 "자기의 덕을 세[운다]"고 말했으며, 따라서 사도는 개인적으로 방언을 말하는 것을 적극적으로 권장한다고 지적하고 싶어 할 것이다. 나는 이러한 결론이 바른 추론인지에 대해 의문을 제기하고 싶다. 두 가지 이유로 인해 나는 그러한 결론을 받아들이는 것을 주저하게 된다.

첫째, 신약성경에서 '덕을 세우는 것'은 언제나 다른 사람을 세우는 사역을 말한다. '오이코도메오'(*oikodomeō*)라는 헬라어는 문자적으로 '세우는 것'을 의미하며 도시, 집, 회당 등을 세운다고 할 때 사용된다. 이 단어는 비유적으로 사용되어 교회에도 적용된다. 예수님은 "내가 내 교회를 세우리라"라고 말씀하셨다(마 16:18). 바울은 "너희는…하나님의 집이니라"(고전 3:9)라고 말했으며, 베드로는 "너희도 산 돌같이 신령한 집으로 세워지고"(벧전 2:5)라고 말했다. 이러한 기본적인 뜻에서 출발해서 이 단어는 그리스도인들과 교회들을 '강건하게 하는 것, 확립하는 것, 덕을 세우는 것'에 사용되게 되었다. 누가는 팔레스타인의 교회가 "든든히 서 가고"라고 썼으며, 바울은 그의 사도적 권위가 "너희를…세우려고" 주어진 것이라고 썼다(행 9:31; 고후 10:8; 12:19; 13:10). 이에 더하여 그리스도인들은 "서로 덕을 세우는 일"(롬 14:19)에 힘쓰고, "피차…덕을 세[워야]" 한다(살전 5:11; 참조. 롬 15:2; 엡 4:29; 유 20절). 그리고 만일 누군가가 교회를 세우는 데 가장 중요한 것이 무엇이냐고 묻는다면, 바울은 '진리'(행 20:32; 참조. 골 2:7)와 '사랑'(고전 8:1; 참조. 10:23)이라고 대답했을 것이다. 이처럼 다른 사람을 세우는 일에 대한 강조는 고린도전서 14장에서도 현저하게 드러난다. 예언하는 자가 그의 메시지로 "덕을 세우[는]"(3-4절) 것은 물론, 회중 예배에서는 모든 것을 "덕을 세우기 위하여" 해야 하고(26절; 참조. 17절), 모든 그리스도인은 "덕 세우기 위하여 그것이 풍성하기를 구[해야]" 한다(12절; 참조. 5절). 이렇게 덕을 세우는 일에 대한 신약성경의 일관된 강조를 생각해 볼 때, 우리는 방언을 말하는 자는 "자기의 덕을 세[운다]"고 말하는 단 한 번의 유일한 예외를 어떻게 취급해야 하겠는가? 바울이 쓴 것은 분명 어느 정도 아이러니를 담고 있음에 틀림없다. 왜냐하면 이 문구는 그 말 자체로 거의 모순이기 때문이다. 자기를 세우는 것은 결코 신약에서 말하는 덕을 세우는 것이 될 수 없다.

둘째, 우리는 이미 살펴본 대로 모든 영적 은사들은 봉사의 은사이며 '공동의 유익을 위해서' 주어진 것으로서 다른 사람을 섬기기 위한 것이라는 가르침에 비추어 이 표현을 읽어야 한다. 그렇다면 어떻게 이 한 가지 은사만은 그 자체의 존립을 위하며 공동의 유익이 아닌 개인적 유익을 위해 사용될 수 있단 말인가? 그렇게 하는 것은 이 은사를 잘못 사용하는 것이라고 결론 내려야 하지 않겠는가? 가르침의 은사를 가진 사람이 그 은사를 자신에게 개인적 지침을 주는 일에만 사용한다면, 또 치유의 은사를 가진 사람이 자기 자신만 고친다면, 우리는 그러한 자들을 어떻게 생각해야 하는가? 분명히 다른 사람들의 유익을 위해 주어진 은사를 자기 자신을 위해 사용하는 것은 정당화되기 어렵다.

따라서 이와 같은 두 가지 이유로 인해 내게는, 바울이 방언을 말하는 자가 자기를 세우는 것에 대해 쓸 때, 그의 목소리에는 조소까지는 아니라 하더라도 일종의 풍자적 느낌이 담겨 있는 것으로 보인다. 그는 고린도전서 12장에서 은사의 목적을 분명하게 설명했기 때문에 고린도 교인들이 그의 메시지를 분명하게 이해했고, 따라서 더 이상 설명하지 않아도 될 것이라고 여겼던 것이다.

모든 '카리스마타'는 '공동의 유익을 위해' 주어진다. 바울은 에베소서 4:11-12에서 이 원리를 가르치는 은사에 적용한다. 그리스도는 어떤 사람들에게 각각 '사도, 선지자, 복음 전하는 자, 목사, 교사'가 되는 은사를 주셨다. 왜 그렇게 하셨는가? 무슨 목적을 위해서인가? 그는 계속해서 이렇게 쓴다. "이는 성도를 온전하게 하여 봉사의 일을 하게 하며 그리스도의 몸을 세우려 하심이라." 가르치는 자의 우선적인 목적은 그리스도인들('성도')을 그리스도인의 성숙뿐 아니라 그리스도인의 사역으로 이끄는 것, 즉 교회와 세상에서 그들이 감당해야 할 사역을 위해 그들을 준비시키는 것이다. 목사는 교사가 되라고 부르심을 받았다. 그러나 이 말은 그들이 교회에서 행하는 모든 사역을 마치 자신의 것인 양 질투 어린 마음으로 한다는 뜻이 아니다. 이와 반대로, 그들은 하나님이 다른 사람들에게 주신 은사를 그들이 잘 활용하도록 격려함으로써 사역들을 더욱 확대해 가는 사역을 맡은 것이다. 그렇게 할 때에만 그들은 사역의 궁극적인 목적을 성취할 수 있는데, 그것은 "그리스도의 장성한 분량이 충만한 데까지 이르[는]" 온전한 연합과 성숙을 향해 나아가도록 "그리스도의 몸을 세우[는]" 것이다(12-13절).

사도 바울의 마음뿐 아니라 우리의 마음도 사로잡아야 할 이 영광스러운 목표는 진리와 사랑이라는 한 쌍의 영향력을 통해서만 성취될 수 있다. 우리가 '머리 되신 그리스도를 향해 범사에 자라 가기' 위해서는, '사랑 안에서 참된 것을 해야 한다'(15-16절). 진리는 그리스도인과 교회들이 영적 성숙을 향해 자라 가기 위해서 결코 없어서는 안 되는 것임은 자명하다. 왜냐하면 하나님이 계시해 주신 진리를 명확히 이해하고 꽉 붙잡지 않으면 우리는 '어린아이같이 되어 온갖 교훈의 풍조에 밀려 요동하게 되기' 때문이다(14절). 그러나 진리는 사랑으로 따뜻해지고 부드러워지지 않으면 차고 딱딱해질 수 있다. 그래서 바울은 "지식은 교만하게 하며 사랑은 덕을 세우나니"라고 말한 것이다(고전 8:1). 우리는 모두 아이들의 건강한 정서적 발달에 사랑이 얼마나 중요한 영향을 끼치는가를 알고 있다. 만일 이것이 인간 가족에게 사실이라면 하나님의 가족에게는 얼마나 더 그러하겠는가? 그래서 영적 은사들을 말하는 고린도전서 12장과 14장 사이에 고린도전서 13장이 있는 것이다. 모든 '카리스마타'가 봉사, 즉 그리스도의 몸을 세우는 일을 위해 주어지지만 그 목적을 성취하기 위해서는 은사들이 사랑 안에서 발휘되어야 한다. 왜냐하면 사랑 없이는 모든 은사가, 제아무리 굉장하다 하더라도, 아무 가치도 없기 때문이다(13:1-3). 그래서 사랑은 가장 높은 은사보다도 더 귀한 "가장 좋은 길"이다(12:31). 그러나 우리는 은사와 사랑 사이에서 선택해야 할 필요가 없다. 이 둘은 하나님의 목적 안에 함께 속해 있기 때문이다. 참사랑은 언제나 봉사를 통해 나타나며, 특히 봉사를 위해 우리에게 주어진 은사를 사용하는 데서 나타난다.

사실, 사랑과 진리가 함께하고 또 사랑과 은사들이 함께한다면, 사랑과 봉사 역시 함께한다. 참사랑은 언제나 봉사를 통해 나타나기 때문이다. 사랑하는 것은 섬기는 것이다. 그렇다면 우리는, 그리스도인의 삶이란 사랑, 진리, 은사, 봉사라는 네 측면을 가진 끊어질 수 없는 고리 또는 원과 같다고 결론지을 수 있다. 사랑은 봉사를 통해 나타나고, 봉사는 은사를 사용하며, 가장 귀한 은사는 진리를 가르치는 것이고, 진리는 사랑 안에서 말해져야 하기 때문이다. 각각의 요소는 다른 요소들을 포함한다. 우리가 어디서 시작하든지 이 네 가지는 함께 작용한다. 그러나 "그중에 제일은 사랑이[다]"(고전 13:13).

결론

우리는 하나님이 우리를 그분의 백성으로 받아 주셨을 때 우리에게 관대하게 최초로 베풀어 주신 선물인 성령의 '약속' 또는 '세례'라는 주제로 논의를 시작했다. 용서와 성령의 선물은 그리스도 안에서 우리의 소유가 된 온전한 구원이라는 동전의 양면과 같다. 우리는 하나님이 그분의 사랑 안에서 먼저 우리를 위해 아들을 죽게 하시고 그 후에는 우리 안에서 그분의 성령이 사시도록 하신 그 사실에 매일 경이를 느끼며 하나님께 감사하기를 결코 중단해서는 안 된다. 오늘날에는 우리가 하나님을 만나기 위해 찾아갈 수 있는 예루살렘 성전이 없다. 우리 각자가 하나님의 성전이며, 각 지역 교회가 하나님의 성전이다. 왜냐하면 하나님은 그분의 영으로 우리 안에 거하시기 때문이다.

둘째, 우리는 회개와 믿음, 순종을 통해 성령의 충만함을 더욱 더 구해야 한다. 그리고 계속해서 성령을 위해 심음으로써 그분의 열매가 우리의 성품 가운데 자라나 무르익도록 해야 한다. 나는 매일 하나님이 성령으로 나를 충만하게 하셔서 성령의 열매가 삶에서 더욱 드러나게 해 달라고 기도하는 것이 나의 오랜 습관임을 진실하게 말할 수 있다.

셋째, 성령은 그리스도인 개개인뿐 아니라 교회에 대해서도 관심을 갖고 계신 분임을 항상 기억해야 한다. 따라서 우리는 우리를 하나 되게 하기 위해 모든 자들에게 주시는 성령의 '카리스'와, 우리를 서로 다르게 하기 위해 모든 사람에게 나누어 주시는 성령의 '카리스마타'를 똑같이 즐거워해야 한다. 교회의 통일성과 다양성은 둘 다 그분에 의해 이루어진다. 우리는 은사란 봉사를 위한 많은 다양한 능력들이라는 것을 살펴보았다. 모든 그리스도인은 예외 없이 적어도 한 가지 은사는 가지고 있다. 은사는 성부, 성자, 성령 하나님의 주권적이고 은혜로우신 뜻에 따라 분배된다. 그리고 그것은 '공동의 유익을 위한 것'으로서 그리스도의 몸 된 교회를 세워 성숙하게 하기 위한 것이다. 따라서 우리는 우리의 은사를 서로를 위해 사용해야 하겠다. "각각 은사를 받은 대로 하나님의 여러 가지 은혜를 맡은 선한 청지기같이 서로 봉사하라…범사에 예수 그리스도로 말미암아 하나님이 영광을 받으시게 하려 함이니 그에게 영광과 권능이 세세에 무궁하도록 있느니라. 아멘"(벧전 4:10-11).

옮긴이 **김현회**는 미국 텍사스 주립대학과 남가주 탈봇 신학교(M.Div.)에서 공부했다. 미주 코스타 강사로 청년을 일깨웠으며, 미국 선한청지기교회에서 명쾌한 강의와 설교로 성도들을 양육하다가, 2003년 가정교회 모델을 좇아 미국 질그릇교회를 개척하여 섬겼다. 지은 책으로 『삶의 수수께끼』 『참된 복 존재의 변화 진짜 기독교』(이상 겨자씨) 등이 있고, 옮긴 책으로 BST 시리즈 『디모데전서·디도서』 『히브리서』와 『복음주의의 기본 진리』(이상 IVP) 등이 있다.

성령 세례와 충만

초판 발행 2002년 2월 21일 | 초판 33쇄 2024년 3월 15일
개정판 발행 2024년 6월 10일 | 개정판 2쇄 2025년 3월 20일

지은이 존 스토트
옮긴이 김현회
펴낸이 정모세

편집 이종연 이성민 이혜영 심혜인 설요한 양지영 박예찬
디자인 한현아 서린나 | 마케팅 오인표 | 영업·제작 정성운 이은주 조수영
경영지원 이혜선 이은희 | 물류 박세율 김대훈 정용탁

펴낸곳 한국기독학생회출판부 | 등록번호 제2001-000198호(1978.6.1)
주소 04031 서울시 마포구 동교로 156-10
대표 전화 (02) 337-2257 | 팩스 (02) 337-2258
영업 전화 (02) 338-2282 | 팩스 080-915-1515
홈페이지 http://www.ivp.co.kr | 이메일 ivp@ivp.co.kr
ISBN 978-89-328-2261-7

ⓒ 한국기독학생회출판부 2002, 2024

책값은 뒤표지에 있습니다.
무단 전재와 복제를 금합니다.